U0137577

纪有奎 著

Zhou Yi yu Ren Sheng

周易与人生

团结出版社
UNITY PRESS

图书在版编目（CIP）数据

周易与人生 / 纪有奎著 . -- 北京：团结出版社，
2024.1
ISBN 978-7-5234-0349-5

Ⅰ.①周… Ⅱ.①纪… Ⅲ.①《周易》- 研究 Ⅳ.
①B221.5

中国国家版本馆 CIP 数据核字（2023）第 212053 号

出　版：团结出版社
　　　　（北京市东城区东皇城根南街 84 号　邮编：100006）
电　话：（010）65228880　65244790（出版社）
　　　　（010）65238766　85113874　65133603（发行部）
　　　　（010）65133603（邮购）
网　址：http://www.tjpress.com
E-mail：zb65244790@vip.163.com
　　　　tjcbsfxb@163.com（发行部邮购）
经　销：全国新华书店
印　装：三河市东方印刷有限公司

开　本：170mm×240mm　　16 开
印　张：12.5
字　数：189 千字
版　次：2024 年 1 月　第 1 版
印　次：2024 年 1 月　第 1 次印刷

书　号：978-7-5234-0349-5
定　价：48.00 元

前 言

李希胜

国学《周易》的魅力可用多种形式彰显。《周易》里的人生波澜、曲折经历、成功与坎坷，画家能把六十四卦画成连环画[①]，音乐家能谱写成交响乐，文学家能编写成周易的故事，剧作家能编写成剧本，导演和制片人能拍摄成电视连续剧。

本书作者纪有奎老先生，年逾九旬，是杰出的易学家，也是我的老师，周易伴他一生（详见附录三）。纪老虽然年迈，却孜孜不倦发挥余热，其所撰《周易演义》及其姊妹篇《周易演义续集》，被中国台湾大元书局改用繁体字再版，畅销港澳台。纪老还被多个国家华侨团体邀请去讲《周易》。他曾说："世界上有阳光的地方就有华人，有华人的地方就有《周易》文化。"此次由我帮他整理书稿，录成电子稿。

纪老认为《周易》的主题是人生，集中概括了永恒的"人生"话题，而六十四卦是历史的碎片、是人生经历的零散足迹。在作者巧妙的构思下，本书不是按六十四卦的顺序，而是按照人生成长与处世的顺序，是人生的轨迹，加以系统地编排、整理、提炼，编写成原汁原味的《周易与人生》。

例如作者将第五十三《渐》卦排为人生第一卦，是小鸿雁（比喻人）诞生，由大鸿雁（家长）呵护成长到童年，受启蒙教育《蒙》卦。之后是有关成家立业，经历人生沧桑浮沉，到达人生终点。不仅立意新颖，视角独特，其行文逻辑，也是一种创新。

在创新解读《周易》的过程中，纪老与国学易界名人南怀瑾、季羡林、金景芳、唐明邦、邵伟华和曾仕强等，在往来信件中对解读《周易》交换意见，纪老提出的新观点，亦受到肯定和鼓励，近年已实现。如：六十四卦中除乾坤二卦外都是六爻，既有爻辞又有爻位，唯乾坤二卦是七爻，第七爻仅

---

① 《北京晚报》2023年1月22日报道："李燕绘制的《易经画卷》以中文、英文、法文、德文、西班牙文出版并多次再版。"

有爻辞却无爻位。纪老在新时代中国特色社会主义建设背景下解读《周易》，古为今用，与时俱进，认为乾坤二卦分别象征国家领空领土的观点，已体现在其著作《周易演義》《周易演義续集》中，为乾坤二卦的第七爻找到了恰当的爻位（位置）。

《乾》卦第六爻的龙已上升到国家领空，再往上到第七爻（即用九爻）是共用的太空；《坤》卦第六爻里的母马已奔驰到国家边疆，中国在北半球，再往北奔驰的母马到第七爻（即用六爻）是共用的北极。用九爻辞"见群龙无首，吉"，作者解读为在太空各国是群龙不能为首称霸，才吉祥。用六爻辞"利永贞"，解读为要永远和平利用贞洁的北极。这是《周易》适用于"地球村"时代的世界观，即和平共处、共建人类命运共同体。这是首二卦。（详见第一章第二、三节的点评）

作者对末二卦《既济》和《未济》的解读是：生命在这一世过了河（既济），到达人生终点；还有下一个生命尚未过河（未济），要到另一个世界去过河，获得因果报应（详见第十五章）。这些观点为易学史研究的新篇章，令读者可以触摸到《周易》于今日之时代脉搏，彰显《周易》鲜活的生命力。

本书中作者选择《渐》卦作为人生开始，预祝人生非凡。小鸿雁在水中的小岛巢中诞生，游到岸边陆地，又飞翔到空中，纵横南北，具有畅行水陆空的本领。如同《乾》卦里的龙，开始在水里潜伏勿用，之后出现在陆地，又升华到空中，成为九五之尊，也具有畅行水陆空的本领。这雁和龙都被喻为人，作者期望人的一生也都能有此本领。将《渐》卦安排在本书开始，意义深远，别出心裁，不彰自显。

《周易》文化是古时人生在大千世界里的经历。虽然历史长河漫漫，但时间是弹指一挥间，有些事物仿佛就发生在我们身边。如同中国中央广播电视总台播放的《典籍里的中国》栏目中，主持人撒贝宁与古装扮演的孔子，二人跨越时空两千多年相见，谈论《论语》的形成与影响……期望撒贝宁等与扮演的周文王相见，谈论《周易》的形成与影响。

希望后代人在本书中看见自己的身影时，要吸取营养走正道。无论每个人此生的追求有多么迥异，毕竟都希望得到善终。如果说每个人的出"生"是偶然的，那么"死"则是必然的；如果说人生的多元化是"殊途"，那么最终是"同归"（末二卦）。这是《周易》哲学哲理的重要组成部分。

　　本书在行文中有不便插入的六爻卦象，请查看附录一便知。本书由白话文编写，通俗易懂，更适合喜爱《周易》的读者在学习中感悟人生。书稿完成后由师兄董恩江、许传高协助审稿，由我添加注释。本人才疏学浅，整理时难免有误，敬请广大读者指正，再版时改正。

2023 年 12 月

序 言

纪有奎

《周易》的主题是人生，是华夏古人生存生活的载体。

宇宙有了人类，才有意义。若无人类，宇宙是空洞的，无法被记载，所以人类是宇宙的核心。

中国记载祖先最早最完整的系列活动，便是《周易》。《周易》，古代又称《易经》，是中国也是世界上最古老而奥妙的一本书，其作者和年代是"人更三圣，世历三古"。即上古伏羲，中古文王，近古孔子。成书经历三千多年，是中国也是世界上写作时间最长的书，是中国古代人集体智慧的结晶，被列为群经之首、大道之源，是中华文化的源头，后人通常以周文王为其代表作者。

《周易》的成书经历了两个时代。没有文字时，以阴符号（－－）和阳符号（—）搭配组成卦象，很抽象。有了文字后，在卦象的基础上，配上了古老的文字，但该文字极其简练，又无标点符号，使《周易》充满了先天的神秘性、抽象性和模糊不确定性，这是《周易》的基因，给后人阅读时留下了广阔的思维空间和丰富的想象余地。后人难懂难读，称之为天书。

中国历代都有易界学者著书立说解读《周易》，众说纷纭，《周易》的研究领域成为百家讲坛，大家都认为自己的解读是正确的。这是《周易》先天基因带来的影响。因为《周易》只给出框架，让后人去填空白，却没有标准答案。读《周易》如同寓言"盲人摸象"。

笔者向所有《周易》研究者致敬。有人责备这基因说，若是《周易》自己说得明明白白，便不会出现如此多的书籍"汗牛充栋"。但笔者认为，正是这基因使《周易》具备特有的魅力，吸引众多人去研究探索猜想，推动易学不断地向前发展。

著名哲学家冯友兰说："《周易》讲的是一些空套子，任何事物都可以套进去。"另一位易界名人说："《周易》是个筐，什么东西都可以装。"

孔子读《易经》，写出心得体会《易传》，用以给《易经》作注解，是孔子拿《易经》去"套""装"他对事物的认识，是对《易经》的再创造，受到后世学人好评。孔子树立起的标杆影响深远。后人将《易传》加入到《易经》中，使得经传不分。众多人沿着《易传》去解读《周易》，因此有人说很多《周易》书人云亦云，雷同者众。

笔者认为，读《周易》不要局限于《易传》，因其有很多方面不贴近现实，影响了《周易》的生命力。习《周易》者，应该古为今用，与时俱进，根据时代的气息解读《周易》原文，这是《周易》基因所赋予的使命。

《周易》的"易"是蜥蜴的"蜴"（变色龙），其颜色随环境变化而变，以适应环境，因此《周易》具有永恒的生命力，万古长青。

笔者在新时代背景下创新解读《周易》，出版了《周易演义》《周易演义续集》《周易问答与精华》等书。前二书被中国台湾的大元书局选中，在中国台湾用繁体字再版，销售海内外，反馈信息获得海内外同胞的共鸣。

笔者虽然年迈却不停地开发《周易》。在新冠病毒疫情初期，有位名导演找到笔者说："有位老板是周易迷，拟出资把《周易》拍摄成《周易与人生》电视连续剧，为了弘扬国学《周易》。"导演请我提供完整的系统素材，由他与合伙人编写成剧本。笔者努力完成任务，把草稿交给导演。但是，不久该导演对笔者说："很抱歉，虽然写得很好，但老板在新冠病毒疫情时期经营亏损，无力资助。"巧合该题目笔者曾拟写成书，于是笔者把这素材充实内容，由弟子纪风策、李希胜协助，编写成《周易与人生》，成为纸质"银幕"演出。

本书《周易与人生》是人生的数据库，它阐述的是在大千世界，人生经历的百种事物、百态人生。它综合了人生全部经历，也许它描绘的有些事物和人生与当下的现状有些不同，但具有类同的相似性。

阅读本书时，我们还需要其基因赋予的联想力和想象力，更需要把联想力和想象力转化为现实。因此历代人读《周易》都能找到自己的身影，吸取哲理和智慧，吸取营养和正能量，趋吉避凶。

本书内容概括如下：

首二卦乾坤阴阳两扇门组成《周易》前门。人生从前门进入，便从幼年在家长的呵护下长到童年，进入启蒙教育；

然后继续提高修身养性，成长到恋爱、婚姻殿堂；

成家立业之后，如何交友处世，富有了、壮大了如何为人；

人生遇到坎坷和困难，怎样爬坡越坎去应对；

如何经历诉讼和刑罚，如何进行养生保健和娱乐；

古代经历了天灾（地震和干旱）、人祸（战争）之后，当权者应该怎样反腐防止另一方面的人祸。

最后是末二卦，《既济》卦是生命已渡过河到达彼岸，即人生终点归宿，但还有末卦——《未济》卦尚未渡过河，还要到精神世界去过河。善或恶不是不报，时候未到，这"未"就是"未"济卦，《未济》卦预示着因果报应，这触动每个人的心灵，给世人敲响警钟：做人要有敬畏感，需立德树人，具有现实意义。

此末二卦是阴阳两扇门组成《周易》后门。人生从《周易》前门进来，从《周易》后门出去，便构成了本书完整的生命体系。这是一部人生说明书，本书是通俗读本，读懂了本书里的《周易》，即体验了人生。

作者

2023 年 11 月于北京怡园

目 录

Contents

第一篇
关于《周易》的基础知识

一、阴阳符号及其属性

阴阳是《周易》的辩证哲理，一阴一阳谓之道。

（一）阴阳符号

古人观察男女外表最大的区别是生殖器形状不同。女性生殖器是中间开口（**━ ━**），是阴的符号，称为阴爻（yáo）；男性生殖器是直杆（**━**），是阳的符号，称为阳爻。阳代表阳性、男性、刚健、沉稳、光明等；阴代表阴性、女性、柔顺、轻软、暗淡、暗物质等。阴阳结合产生万物。孤阴不生，独阳不立。阴阳是相互对立又相互依存的事物。阴阳爻构成《周易》的符号系统。

（二）阴阳二分法

不仅不同的事物之间存在两种属性，而且同一事物本身也存在两种属性。这称为辩证的二分法，这两种属性，既对立又统一。

例如：一分为二，是阳爻（**━**）分为阴爻（**━ ━**）；合二为一，是阴爻（**━ ━**）合为阳爻（**━**）。事物发展到极端，阴阳相互转化。

二、八卦是《周易》的胚胎

用阴符号（**━ ━**）和阳符号（**━**）（每次用三个，即三爻），可以画成八卦，用来表达象征事物及其属性、特征等。八卦中每一卦都有卦名。

（一）先天八卦（图1）

传说是伏羲氏用的，与河图关联（中国古代地图方位是按照上南、下北、左东、右西的方式绘制的）。

（二）后天八卦（图2）

传说是周文王用的，又称文王八卦，与洛书关联。本书以此为主。例

图1　先天八卦图（伏羲氏）　　图2　后天八卦图（周文王）

如可象征父母亲有三男三女，一家八口人。数学家华罗庚精通《周易》，笔者协助他工作时，获知他和妻子生育了三男三女，恰好在八卦的八个方位中各就各位，笔者曾请教于他（详见附录三）。

以下用表格列举其象征性和五行属性：

卦名	象征	象征	五行	象征
乾	天	健	金	父
坤	地	顺	土	母
震	雷	动	木	长男
巽	风	入	木	长女
坎	水	陷	水	中男
离	火	丽	火	中女
艮	山	止	土	少男
兑	泽	悦	金	少女

（三）先天八卦是"体"，后天八卦是"用"。

世人通常以后天八卦说事，本书也如此。八卦图最初是用来表述事物的，它是《周易》的胚胎，也是《周易》的核心，由它构成六十四卦。

三、八卦组成六十四卦

六十四卦是《周易》的全部内容。

（一）八卦的每一卦都称为经卦、单卦，是为三画卦、三爻。若表达或象征更复杂的事物及其特征，需要两个经卦叠加。

（二）两个经卦叠加组成一个别卦、重卦，是为六画卦、六爻。如此可以组成六十四个别卦，是以由八卦组成的《周易》核心内容，拓展成《周易》全部内容，即六十四卦。

例如：经卦乾卦（☰）与经卦坤卦（☷）相互叠加，可以组成否（pǐ）卦（䷋）和泰卦（䷊），这否、泰两卦，统称为别卦、重卦。

（三）经卦在下为下卦、里卦、内卦，经卦在上为上卦、外卦。例如，泰卦（䷊）由下乾上坤组成。

四、六十四卦的组织结构及常用语

（一）六爻的排列顺序及其象征

1. 两个经卦组成的六爻别卦，其六爻排列顺序从底层往上，依次是：初、二、三、四、五、上（初是一、上是六）。

2. 这六个层次，通常象征人在社会上的地位。初为庶民、士民；二为大夫；三为诸侯；四为近臣、三公；五为君王、天子；上为祖宗、太上皇、退隐之人。这是封建社会等级观念。

3. 这六个层次，由底层往高层发展，通常可象征事物或人的发展阶段及其应对。初位象征事物萌芽状态，应潜伏勿用；二位象征事物萌发崭露头角，要量力而行；三位象征事物小有成就，慎行勿过急；四位象征事物有进展，宜三思而行；五位象征事物通达成功，需戒骄戒躁；上位象征事物发展到顶峰，应警惕满则溢、物极必反。这是通用的发展过程。

（二）爻位、爻性、爻名（题）

六十四卦每卦六爻，唯有乾坤各七爻，每爻都有爻位、爻性、爻名（题）。唯有乾坤第七爻只有爻辞，却无爻位。笔者在《周易演義》及其续集中找到了它的爻位。

1. **爻位**：六爻位置排列的数字是爻所在的位置，从下往上依次是：初、二、三、四、五、上。其中，奇数为阳，如：初、三、五为阳位；偶数为阴，如：二、四、上为阴位。

2. **爻性**：用奇数"九"表示阳爻（—）；用偶数"六"表示阴爻（——）。

3. **爻名（题）**：指每爻的标题、名称。由爻位和爻性组成，即两位数字组成。初和上之后是爻性数字"九"或"六"。例如爻名"初九"，表示第一爻是阳爻（—），"初六"表示第一爻是阴爻（——）。爻名"上六"，表示第六爻是阴爻（——），"上九"表示第六爻是阳爻（—）。在"初"和"上"之间的二、三、四、五的爻名，第一个数字是爻性"六"或"九"，表示阴或阳爻。如：爻名"六二"表达第二爻是阴爻，若是"九二"表达第二爻是阳爻。

（三）中（得中）

六爻别卦由两个经卦叠加组成，下（内）经卦三爻里第二爻在中间位为"中"；上（外）经卦三爻里第五爻在中间位为"中"。居此位称为"中"或"得中"，象征事物得中，是不偏不倚，中庸之道。

（四）正（当位）、中正

1. **正**：阳爻居阳位、阴爻居阴位，称为正、当位、得位。否则称不正、不当位或失位。

2. **中正**：爻位又中又正，称"中正"。如：爻名"六二"（二是偶数，为阴，六也是偶数，为阴，表明阴爻六在阴爻二位）、"九五"（九与五都是奇数，为阳），便是"中正"，通常为顺、吉（但也有例外）。

（五）三才

别卦共六爻，上层两爻即"五、上"，称为"天"位，下层两爻即"初、二"，称为"地"位，中间两爻即"三、四"，称为"人"位。"天地人"称为"三才"，《周易》有天地人三才的比喻（三、四是人位，俗话说"不三不四不是人"）。

（六）卦名、卦辞、爻辞

1. **卦名**：六十四卦的每一卦都有卦名，用一二个文字表示。卦名是对该卦卦义的高度浓缩。如乾卦、未济卦等都是卦名。

2. **卦辞**：每卦开头都有一个包含全卦宗旨的文辞，包括卦名和卦辞。例如乾卦开头为"乾，元亨利贞"。文中"乾"是卦名，"元亨利贞"是卦辞。

3. **爻辞**：每卦六爻，在爻名即爻题之后，都有一段说明该爻的义理或寓意的文辞，称为爻辞。如坤卦六二："直方大不习无不利。"卦辞和爻辞的原文都无标点符号，由解读者加标点符号。六十四卦共三百八十四爻，另加乾坤二卦第七爻，共三百八十六爻辞，其中阴爻和阳爻各占一半即一百九十六爻，彰显阴阳动态平衡。

五、六爻之间比、应、乘、承的关系

（一）比

卦中相邻两个爻称为"比"。如初与二、二与三、三与四、四与五、五与上均为相邻关系，都可称"比"。

（二）应

指六爻卦中，上经卦与下经卦之爻位所在的相同层次有对应关系。如下卦初爻与上卦四爻同属底层相应；同理，下卦二爻与上卦五爻同属中层相应；下卦三爻与上卦上爻都属顶层相应。若这对应的两爻是一阴一阳为异性，则异性相吸，称为"相应"，一般为吉为顺。若两爻是同性则相斥，是相逆"不应"。

（三）乘、承

六爻中相邻二爻有相"比"的关系，便有"乘"与"承"的关系。上方的爻对下方的爻谓之"乘"，下方的爻对上方的爻谓之"承"。通俗形象可理解为"乘"坐驾驶和继"承"。

六、象、卦象、爻象

（一）象

象是《周易》的一种思维方式，古人观察事物，以象的方式将它与八卦建立了联系。象是《周易》连接卦画与卦爻辞的桥梁。最初取象只限于八卦，如乾为天、坤为地、离为火等。

（二）卦象

此卦象指六爻的别卦卦象。因为八卦中的经卦象征的事物终究有限，若象征更复杂的事物，需要两个经卦叠加成别卦的象。例如泰卦（䷊）其卦象由乾下、坤上构成。坤为阴、为地，阴气下降；乾为阳、为天，阳气上升，这阴阳两气一降一升，迎面相遇，是阴阳交合，故称泰卦。卦象在本书中广泛应用，据具体情况，可以发挥想象力。

（三）爻象

是阴阳两爻所象征之事物及其特征。在六爻中，通常阴爻(**— —**)象征保守、消极的人与事物及其特征，如女性、臣仆、柔顺、暗淡等；阳爻（ **——** ）象征积极、进取的人与事物及其特征，如男性、君主、刚健、光明等。

七、卦序、错卦、综卦、互卦、消息卦

（一）卦序

卦序是指六十四卦排列的顺序，是经过《周易》作者巧妙安排的。这在《序卦传》里有详尽的阐述。

从宏观概括来看，六十四卦从乾坤二卦开始，到末二卦既济卦、未济卦而止。中间经过各卦相互关联，善恶相随、福祸相依，隐含指导趋吉避凶①，规劝人生走正道。体现了事物发生、发展、递进、变化的全过程。卦

---

① 李希胜注：大丈夫行事，论是非不论利害，论吉凶不论成败，这才是中华国学精神之大道坦途。

序体现出周易是一个完整的体系、有序的安排，是一个大循环，充满深奥哲理。

以上是惯用的卦的排序。但本书《周易与人生》中，作者另辟蹊径，按人生与处世排列卦序。

（二）错卦

把一个卦爻阴变阳、阳变阴，组成一个新的卦，这一卦就是错卦，又称为旁通卦。例如，乾卦六爻皆为阳爻，全变为阴爻即是六爻皆阴的坤卦，二者互为错卦。末二卦既济卦与未济卦也是如此。

（三）综卦

把一个别卦颠倒过来，构成另外一卦，叫综卦。例如，把泰卦乾下、坤上，颠倒过来构成坤下、乾上的否卦，如此互为综卦，又称覆卦、反卦（称反卦是因其意义通常相反）。

六十四卦，除了乾、坤、离、颐、坎、大过、中孚、小过这八个卦外，其余五十六卦都有综卦。

（四）互卦

在别卦的六爻里，除去初、上爻，中间的二、三、四、五这四爻可以互为一个新卦。其中二、三、四爻为下卦，三、四、五爻为上卦。例如泰卦（䷊），中间四爻如上操作，可以互为归妹卦（䷵）。

（五）消息卦

阳气变化时，阳气增长为息，阳气衰减为消。消息卦分布于十二个月，从十一月开始，依次为复（䷗）、临（䷒）、泰（䷊）、大壮（䷡）、夬（䷪）、乾（䷀）、姤（䷫）、遁（䷠）、否（䷋）、观（䷓）、剥（䷖）、坤（䷁）（又称为十二辟卦）。

八、象数派与义理派

《周易》由符号和文字两大系统组成。在原始蒙昧时期没有文字，用卦画爻符号象征其属性，有浓厚的抽象性，称为符号系统，是象数派的基础。

当社会进展到有文字时，给符号系统添加上文字，阐述卦画的义理并加以发挥。由于古文字深奥且极其简练，仍充满抽象模糊和不确定性，称为文字系统，是义理派的基础。

虽然符号和文字这两大系统融为一体，形成《周易》的"象数理"，但由于这二者间没有普遍的更紧密的联系，又因时代的需要和文化背景的异同，《周易》"象数理"一体分裂成象数派和义理派，各自都能自圆其说，历经多个朝代而相互抗衡。笔者认为，二者花开两朵，各表一枝，但同根同气。

《周易》应从"象数理"整体去理解。"象数"是《周易》的形体，"义理"是《周易》的魂。但东汉易学家郑玄、荀爽等不重视义理，着重于象数，所以"汉易"重视象数。魏晋时期三国魏的易学家王弼则反对这种学风，王弼重义理，着重于经文整体意义，著有《周易著》等。宋元明清时期，呈现两派并行发展的趋势。宋代易学家程颐重义理，著有《伊川易传》等，继承了魏晋时期王弼重义理的学风，将象数、占卜抛弃。而宋代的邵雍却重象数。易学大家朱熹两派兼容，写有《周易本义》，但把《易》限定为占卜书，认为经文（原文）就是问卜的占断。这些是"宋易"。到了清代，易学百家争鸣，但清代易学大都排斥王弼，致力于"汉易"的复元，这是"清易"。

义理把《周易》引申到近代，增添了多个领域应用。近期出版的《周易》偏重于义理的较多，例如赵又春、郑球柏、邵乃读等作者的《周易》作品便是直接根据《周易》古经原文的卦爻辞进行注释、解读，受到欢迎。笔者写本书则二者兼用。

第二篇
周易与人生

第一章　首二卦乾坤阴阳
两扇门是周易前门

一、周易前门是首二卦乾坤阴阳两扇门

《周易》六十四卦，乾坤为首二卦，非常重要。乾属阳，为天，坤属阴，为地，是阴阳两扇门，合并为《周易》前门（如同北京四合院的大门由两扇门组成）。打开《周易》前门便进入《周易》，经过六十卦到达末二卦。末二卦是阴阳生死两扇门，是《周易》后门。从《周易》前后门一进一出，就是"周易人生"。

乾天坤地是一阳一阴。《易经》曰："一阴一阳谓之道。"老子说："道生一，一生二，二生三，三生万物。"这"一生二"的"二"是乾坤、天地、阴阳，"二生三"的"三"是万物，包括人类。如此，乾坤和人即天地人，称为"三才"。由于天大，天包括地，这三才可称为"天人合一"，这是研究《周易》的最高境界。

六十四卦，大都用来比喻和阐述百种事物、百态人生。其涉及社会及人生各个领域，既有精彩的人生经历，也有悲惨的遭遇，人在大千世界里就要处理各种事物，化险为夷，趋吉避凶，这是古人智慧和哲理的结晶，体现了丰富的人生经历和感悟。尽管古今时空不同，但笔者希望通过对百种事物、百态人生的阐释，使后代每一个人都能在本书中找到自己的身影。

二、君子自强不息——《乾》卦

（一）《乾》卦的主角是龙

古人将龙当作中华民族的图腾，影响到历代。有龙马精神、龙腾虎跃、龙飞凤舞、龙盘虎踞等成语。龙的形象几乎无处不在，乐器上有，兵器上有，建筑栋梁上有，石碑雕刻上有，出土的铜器上也有，都把它们用在重要位置上，突显着该物件的贵重，使该物件如同画龙点睛。

古代认为龙和人融为一体时，表示此人非凡，例如，皇帝称为真龙天子，中华民族称为龙的传人。乾是龙，乾是天，天是万物创始的根源。

《乾》卦中，龙是三栖动物，可在水里潜伏，可在田野间行走，可在天上飞。《乾》卦把龙比喻为人（君子），象征一条龙，在六爻即六个时空里发展壮大，达到了顶峰。《乾》卦六个阳爻由下往上发展，如下所云。

初九爻为"潜龙勿用"。龙的初期不成熟，潜伏在水里，积蓄能量，当前勿用，将来有用。就像建筑高楼大厦，潜伏期是先打基础，然后才露出地面，逐层往上搭建。打基础阶段，要有苦心，胸怀大志，也要有耐心。正如孟子所言："天将降大任于是人也，必先苦其心志，劳其筋骨，饿其体肤，空乏其身，行拂乱其所为，所以动心忍性，增益其所不能。"[①] 讲的是若为人要成栋梁之材必先积蓄能量。

九二爻为见龙：爻辞是"见龙在田，利见大人"。龙在水里跃上田野，渴望"大人"指引方向，渴望贵人相助，继续"充电"能更上一层楼。

九三爻为惕龙：爻辞是"君子终日乾乾，夕惕若，厉无咎"。君子地位又上升，终日勤奋自勉工作，日落夕阳时还保持警惕，这样不犯错误"无咎"。

九四爻为跃龙：爻辞是"或跃在渊，无咎"。龙在此爻位接近九五之尊位，地位较高，要有忧患意识。渊是深渊，再往上跃，要慎重别跌落到深渊，避免跌落才"无咎"。

九五爻为飞龙：爻辞是"飞龙在天，利见大人"。九五爻是尊位，是君主位，表示君子努力完善自己，做出成绩，大功告成。君子已成为君主大人，若善政施民能"利见大人"。这条龙在此阶段是繁盛时期，要小心，再往上升到上九爻便知晓！

上九爻为"亢龙"：爻辞是"亢龙有悔"。"亢"是极高顶端，此龙已飞到极端，物极必反。君主高高在上，位高权重容易冲昏头脑做错事而悔恨，盛极必衰，应居安思危，始终保持头脑清醒。

由上所述，《乾》卦六爻，这一条龙（君子）的成长与发展的轨迹是：从初爻潜龙开始，见龙、惕龙、跃龙、飞龙到亢龙。特别强调这是一条龙（君子）成长的过程，不是六条龙（六位君子），不是每一爻出现一条新龙。这可以概括为人生轨迹，具有普遍的现实意义。

---

① 出自《孟子·告子下》。

（二）《乾》卦含义深远

例如，卦辞"元①、亨、利、贞"。很深奥，历代有各种解读。若乾为天，这四个字可以对应春、夏、秋、冬。若按事物发展规律，可以解读为：春种、夏长、秋收、冬藏。可与六爻对应。

初爻潜龙勿用是春种（种子在地里），二、三、四爻是夏长，九五爻君子成长为君主是秋收（春华秋实），上九爻盛极必衰要冬藏。这不仅展现出人生的轨迹，还折射出诸多事物的发展规律。

例如，经商办企业便是遵循这种规律。从小到大、由弱到强，渐进地发展，就如同种子发芽—成长—开花—结果，一步一步地展开。因此，商人或企业家要把自己的奋斗目标立在可望又可即的位置上，分阶段地一步步朝向目标迈进。上九爻"亢龙有悔"告诫月盈则亏，水满则溢，这是十字路口，要深思走向！

点评： 在已出版的《周易演義》《周易演義续集》中，笔者古为今用，将《乾》卦比喻为保卫国家领空。把龙、君子、领空融为一体。上九爻"亢龙有悔"是龙，即君主已飞到国家领空，若敌人入侵领空不抵抗（亢）将后悔。《周易》唯独乾坤二卦有七爻，《乾》卦第七爻即用九爻，只有爻名、爻辞，却没有爻的位置。《周易》作者好像让后人去寻找它的位置。数千年来一直空缺。

笔者认为，《乾》卦象征保卫国家领空，龙从领空再往上飞是国际共用的太空，太空便是用九爻位，恰好符合用九爻辞"见群龙无首，吉"。即各国共用太空，群龙是各国，要和平、平等地利用太空，不能称霸为首（无首），才能吉祥。龙（君主）在用九爻位，参加了太空"俱乐部"。

《外层空间条约》于1966年12月19日由联合国大会通过。基本原则是和平利用和开发太空，不得占为己有。今天，探索与和平利用太空是全人类共同的事业，应为全人类谋福利。

---

① 李希胜注：元者，中和之气，挤而为仁，妙哉两瓣，汲天地阴阳之性理而蒙亨于心，静而决天下之疑，贞一而终，以无心之心而成不用之用，为天下务。

中国一贯致力于和平利用太空，维护太空安全，与各国广泛开展合作。中国也欢迎更多国家在这方面取得进展，积极倡导在太空领域推动构建人类命运共同体。但是，美国在2018年6月成立"太空军"，把太空政治化、军事化，企图太空称霸。日本在2021年5月也成立了"太空军"。中国坚决反对把太空军事化、为首称霸，这与《乾》卦用九爻相呼应。

三、君子以厚德载物——《坤》卦

《乾》卦六爻皆阳，是天是父；《坤》卦六爻皆阴，是地是母。天覆盖地，所以天大于地。坤跟随乾，听从天的安排。

《乾》卦用龙的行动概括比喻人生轨迹，从在水里潜伏的龙逐步上升到国家领空，又上升到用九爻太空，勇往前行，"自强不息"。

《坤》卦主角是牝（pìn）马，即母马，比喻为人（君子）。因此在本卦里，母马、君子和国家领土融为一体。《坤》卦用牝马行动概括比喻人生轨迹，从如履薄冰逐步奔驰到边疆，龙战于野，又到用六爻北极，辛苦忍辱负重，"厚德载物"。

卦辞：坤，元亨，利牝马之贞。君子有攸往，先迷后得主。利西南得朋，东北丧朋。安贞吉。

解读："元亨，利牝马之贞"是说君子的性格温顺，忠于主人，能负重行远。往返去找朋友，不知道方向，后来在西南家乡找得了朋友。文王八卦西南是坤位，是坤的家乡，平安吉祥。

初六：履霜，坚冰至。

解读：君子开始行动时很艰难，如履冰霜，将遇到冬天的坚冰。寓意不要灰心，会看到光明。英国诗人雪莱说："冬天来了，春天还会远吗？"

六二：直、方、大，不习，无不利。

解读：这有双重含义。一是形容母马即君子秉性直爽、方圆规范、宽宏大度。另一方面，君子执行任务时，要奔驰在四面八方的大地上，不用指引，已知道"西南得朋"。

六三：含章，可贞，或从王事，无成有终。

解读："含章"指君子胸有成竹不外露。"可贞"指坚持走正确的道路。"或从王事"意指与上层共谋大事，顺天行事，即"奉天诏曰"，是大地高举天的旗帜来奉行"王事"，实质是国家大事。此处埋伏《坤》卦上六爻：边疆遇难时，在领空的天龙下来助战，保卫领土。"无成有终"是指不计个人的功名成就，要把事业进行到底。

六四：括囊，无咎无誉。

解读："囊"是口袋，括囊是扎紧口袋。寓意做出成绩不外扬，要管住自己的嘴，要谨言慎行，这样不会犯错误，即"无咎"，也不需要别人表扬，即"无誉"。

六五：黄裳，元吉。

解读：君子已穿上帝王的黄色服装"黄裳"。古代穿衣分等级，黄色是帝王穿的。黄色也表示中央位置。北京中山公园的五色土平台，四色的土在四边，黄土在中央。

六爻之卦，由下往上分三层，每两爻为一个层次。底下二爻（初、二爻）为地，中间二层（即三、四爻）为人，上二层（五、六即上爻）为天。《乾》卦九五爻是天的层次，是九五之尊，乾龙君子成为君王、天王；《坤》卦六五爻是指母马君子成为君王、地王，厚德载物。

上六：龙战于野，其血玄黄。

解读："玄"是赤黑色①。"野"是原野，指辽阔的大地。坤为大地，国家的领土。上六爻是《坤》卦爻位的顶端，"野"就是国家领土顶端的边疆，敌人入侵领土边疆时，母马应战，还呼唤领空天龙下来助战。于是龙马并肩浴血奋战，血染沙场，"其血玄黄"。

《千字文》第一句就是"天地玄黄"。玄黄分别是天、地的颜色，依

---

① 出自《古代汉语词典》。

此可谓天龙流的血是赤黑色，大地上母马流的血是黄色，为保卫领土，龙马并肩激烈作战。中华民族之"龙马精神"从《周易》流传于世，至今已数千年。

点评：在《周易演義》《周易演義续集》里，笔者古为今用，将《坤》卦解读为象征保卫国家领土。母马（君子）从初六爻踏着冰霜出发，奔驰在四面八方的国家大地上，到上六爻的国家边疆"龙战于野"，这是《坤》卦六爻的经过。但还有第七爻即用六爻，只有爻名、爻辞，却没有爻的位置（爻位）。若母马（这时是君主）从国家边疆再奔驰则应向北方，因为《周易》诞生在北半球，北方是其他国家。用六爻位不会落在别的国家，应再往北奔驰到共用的北极，正符合用六爻辞"利永贞"，解读为要和平利用贞洁的水域到永久。因此，《周易》的《乾》卦用九爻和《坤》卦用六爻，远在三千年前在地球村用最强音向世界呐喊，在世界各地和空中要和平共处，不要战争，龙的子孙爱好和平。这是《乾》卦的天德，《坤》卦的地德，也是笔者的愿望。

《北极条约》是面对北极区域的资源和水道争夺，在现有国际多边渠道中，沟通协商达成的条约。国际北极科学委员会是能够协调矛盾、发展合作框架的机构，宗旨是和平利用与开发，但该条约并非是联合国条约。现在据有关报道，从经济角度看，北极地区天然气探明储量占全球储量的30%；煤炭探明储量上万亿吨，占全球储量的25%。仅俄罗斯北极地区已探明的矿产储量价值就已经高达2万亿美元。从军事角度看，俄罗斯北极上空是洲际战略导弹或战略轰炸机飞行的最佳路径。从航运角度看，俄罗斯打造的北方航道比传统欧亚海运航道缩短了40%的航程。由于北极地区存在的巨大潜力和突出的战略位置，美国国防部发布的《2022年国防战略》将北极作为"国防要务"。北极地区不属于任何国家，中国已经明确表示北极地区具有全球化意义和国际影响，维护北极和平稳定不仅是域内国家的责任，更是国际社会共同期待的福祉所系。这与《坤》卦用六爻相辉映。

综合点评：对《乾》《坤》二卦的补充。

《周易》六十四卦由阴爻和阳爻搭配组成，除乾坤二卦七爻外，每卦六爻，分为三种类型：一是全由阳爻组成，只有《乾》卦；二是全由阴爻组成，只有《坤》卦；三是由阴爻和阳爻混合组成。六十四卦分此三种类型，而乾坤二卦便占三分之二类型，其余六十二卦仅为一种类型，即阴阳爻混合组成。从这个角度也能暗示乾坤二卦的重要性。所以乾坤二卦是《周易》的前门，是《周易》大门的阴阳两扇门。阴阳产生万物，以上阐述乾坤二卦是已进入这两扇门，人生自此开始。以后各卦是人生经历，纯阳乾和纯阴坤的爻在变动，由此产生了各卦。末二卦的《既济》卦，阳爻在阳位，阴爻在阴位，已经圆满，各就各位，用小狐狸比喻人在过河，到达彼岸，人生归宿，离开"阳间"，本应结束。但还有末卦《未济》卦，还要在"阴间"过河。人生善恶不是不报，只是时候未到，这里的"未"就是《未济》卦。这充分体现了《周易》的道德观，即为人要立德。影响至今的成语"立德树人"由此而来。此是《周易》定义为哲学书的理由之一。末二卦也是阴阳两扇门，是《周易》的后门。人生从《周易》前门进来，在大浪淘沙的河流里，到达彼岸，从《周易》后门出去。

第二章　从童年到启蒙教育

一、人生从出生到童年——《渐》卦

鸿雁在鸟类中以飞得高、飞得远闻名，又以远飞时排成人字形，守规矩、守纪律著称。《周易》卦爻具有多元性，其中《渐》卦"一箭多雕"。卦辞"女归吉"，说的是女子出嫁，在本书第四章第七节有阐述。而《渐》卦又以鸿雁比喻人生，雏鸟出生后在家长的呵护下，渐渐成长到童年，又从童年逐渐成长到能高飞、云游天空的大鸟。《周易》六十四卦中唯有《渐》卦对从出生到童年这个阶段有描述，因此本书中，笔者便提取《渐》卦前半部到童年，随即转入下一节——童年受到启蒙教育。以下是《渐》卦。《渐》卦主题讲一切事物都是循序渐进的过程。

卦辞：渐，女归，吉，利贞。

初六：鸿渐于干，小子厉，有言，无咎。

解读："干"指岸边，水边。"鸿"是鸿雁，比喻人。"有言"即警告，嘱咐。

爻辞说，小鸿雁孵出之后，渐渐走到岸边，很害怕。大雁叮咛要注意安全（家长呵护幼儿），这种嘱咐可减少后患。

六二：鸿渐于磐，饮食衎衎，吉。

解读："磐"是大石头，磐石。"衎衎"（kàn）指快乐。

爻辞说，小鸿雁从岸边渐渐走到磐石上，在这里可以捕食水中和陆上的动植物，有吃有喝，快乐融融，吉祥。

九三：鸿渐于陆，夫征不复，妇孕不育，凶，利御寇。

解读：小鸿雁渐渐学会飞了，飞到了陆地上，翅膀还没硬，不要再继续飞了。如同丈夫出征没返回，又像在家的妇女怀孕流产，半途而废，凶险可怜。没回来是因为遭遇贼寇吗？所以要学会防御贼寇（利御寇）（在第四章第七节另有其他解读）。

六四：鸿渐于木，或得其桷，无咎。

解读："木"指树，"桷"（jué）指房屋椽子，方整的条木，此处指扁平的树枝。

爻辞说，小鸿雁渐渐地能从陆地起飞到树枝上，飞翔能力逐渐提高。鸿雁的脚如同鸭子脚，不像分叉的鸡爪，不适宜站在圆枝条上，要落在像桷一样外形的木条上，这样才能站稳，无过失。如此情况，小鸿雁就像当今儿童走出幼儿园，从幼年到了童年，应进小学了。

点评：人生用鸿雁比喻成长过程。孵出小鸿雁之后，从初六爻开始，"鸿渐于干"——走到岸边；逐渐又走到磐石上——"鸿渐于磐"；又渐渐练习飞到陆地上——"鸿渐于陆"。在家长一如既往的呵护下，渐渐起飞到树林里——"鸿渐于木"，去寻找伙伴，至此走进学堂，以同学为伙伴，走进下一节启蒙教育的学堂。

二、启蒙教育培养人才——《蒙》卦

教育就是培养人才，人才是立国之本。远在三千年前，周朝便已设立官方学堂，教育"童蒙"，制定教学纲领。它分三个方面来讲：一是教师与学童的关系；二是教学方法；三是管理制度。这些无不体现在《蒙》卦里。

孔子把读《周易》的心得体会，写成《易传》，作为《周易》的注释，并融入儒家思想，讲修身、齐家、治国、平天下。

启蒙教育便是修身，教儿童学会做人，增长知识。"知识就是力量"，修身就要学习，学习要从娃娃开始，因此《蒙》卦象征着从童年时期开始学习。请看《蒙》卦如何展示。

卦辞：蒙，亨，匪我求童蒙，童蒙求我。初筮告，再三渎，渎则不告。利贞。

解读："蒙"，卦名。"蒙"为蒙昧幼稚，愚昧无知。"亨"是蒙昧者用启发式教育可以亨通。"匪"通非、不是。"筮"（shì）指古时用蓍草或竹签占卜、算卦，在此寓意教学时告诉学生。"渎"（dú）即亵渎，轻慢不尊重。

卦辞说，蒙昧的童蒙，用启发式教育方法可以亨通。不是我去求不想学习的童蒙来学习，而应是想学习的童蒙主动来求我。启发式教育方法是：初始已把问题讲清楚，又来问，又回答了。若同一个问题再三来问，那便是不知道老师用心良苦，故可不回答。若再回答，妨碍独立思考。这是由占卜引出来的。初筮告诉结果即止，若不满意再筮便是亵渎。

这种教学既能把问题讲清晰、讲明白，又能培养童蒙之类的学生独立思考的能力。此启发式教育方法是正确的，因此能够亨通。"利贞"是坚持正确教育。

初六：发蒙，利用刑人，用说桎梏，以往吝。

解读："发蒙"是启发式教育童蒙，教育方法以严为妥，对童蒙要有严格的规章制度，要"利用刑人"，对犯错误者用简易可行的轻刑，刑即惩罚。不能用重刑"用说桎梏"（说为脱）。笔者上学时，记得老师在讲台上放一个用木条做的戒尺，对调皮捣蛋的小学生用戒尺打手掌"施刑"。"教不严，师之惰。"[1]当代教师被称为"教育工作者，是人类灵魂的工程师"。学校也呼吁，对于童蒙要家教[2]配合。"养不教，父之过。"[3]"修身"这类教育有利于儿童的成长，长大后好"齐家"，即第四章、第五章里谈到的恋爱、结婚。这是周易人生必然经历的过程。

需要注意的是"利用刑人"的刑罚不能过度，不能用带上枷锁的"桎梏"。"用说桎梏"的"说"（tuō）即通脱。

九二：包蒙，吉……

解读：包是包容，教师为人师表，要包容童蒙，无论受教育的儿童质优或劣，无论出身贵贱或贫富，只要他好好学习、有上进之心，都要一视同仁地耐心教导。

---

① 引自《三字经》，作者为南宋王应麟。
② 李希胜注：家教是典型的全息胚，没家教是最恶毒的诅咒。
③ 引自《三字经》，作者为南宋王应麟。

六四：困蒙，吝。

解读： 这也是对教师的要求，启蒙教育不能脱离实际，若教育方法教条、单调、呆板，会使接受教育者困惑（困蒙），令人遗憾、惋惜。启蒙教育要灵活，不能死记硬背，要学习孔子在实践中对学生提出"举一反三"的要求。

六五：童蒙，吉。

解读： 在卦辞里的童蒙是名词，在此处则解释什么是童蒙。爻辞说，童蒙指童年开始就应该接受启蒙教育，这样会吉祥如意，这符合当今社会要求教育从儿童抓起的现状。

上九：击蒙，不利为寇，利御寇。

解读： 爻辞说，有这样的个别童蒙屡次犯错误，屡次受到刑罚。但是屡教不改，顽固不化，最终伤人触犯刑法（"为寇"），要依法处理打击他（击蒙）。在班级里出现"害群之马"，其他同学要引以为戒，不"为寇"，要学习自身防御（御寇），不被伤害。这类少年犯罪后应转到特殊"教育"场所进行改造。这种场所古今皆有，名称不一。著名教育家马卡连科说："没有惩罚的教育是不完整的。"

《蒙》卦到此结束，童蒙不断成长，在下一章还要继续修身。

点评：《蒙》卦把童蒙比作丛生的草木，不明事理，因而蒙昧无知之童，应接受启蒙教育。要求老师具有师德，为人师表，深懂教育法则；同时还应有严格的规章管理制度，约束童蒙，但使用体罚也要注意轻刑。教育范围还应包括妇女。教育孩子要有责任感，承担家务，这个家可寓意国家。尽管如此，还有个别童蒙成长为寇，伤害他人的人身安全，要打击少年犯罪。通过《蒙》卦，可知周朝已强调教育的重要性，认识到教育影响子孙后代。

第三章　继续修身养性

一、修身要谦虚——《谦》卦

《谦》卦的卦象：下卦为艮为山，上卦为坤为地，是地下有山，山在地下。自然界是高山在地上面，才显示出它的高度，而在此卦则相反，展现出含而不露、谦虚的态度，这需要修养。

卦辞：谦，亨，君子有终。

解读：卦辞说，谦虚者，诸事顺畅，君子能保持谦虚至终，有好的结果。"谦"能做什么？应怎样做？要看下面解读爻辞。

初六：谦谦君子，用涉大川，吉。

解读：谦而又谦的君子，能渡过难关，"涉大川"，吉祥。

六二：鸣谦，贞吉。

解读："鸣谦"是有名望而又谦虚，若能保持常态则"吉"。

九三：劳谦，君子有终，吉。

解读："劳谦"是有功劳而又谦虚，只有"君子"能保持始"终"。

六四：无不利，撝谦。

解读："撝"（huī）指指挥、发挥。爻辞说，发挥谦逊的美德，对为人处世没有不利。

六五：不富以其邻，利用侵伐，无不利。

解读：因为邻国侵犯掠夺财物，造成不富，不应因谦逊而无动于衷。谦逊是有原则的，应利用正义去讨伐，这没有什么不对的。

上六：鸣谦，利用行师征邑国。

解读：谦已到达极点，六二"鸣谦"，在此又出现"鸣谦"，是谦名远扬邑国，邑国以为谦不会反抗而来犯。这时，不应因有声望而又谦虚就不顾诸侯小国叛乱，应名正言顺行师征服。

点评： 六十四卦唯《谦》卦六爻皆吉祥，表明"谦"是中华民族崇高的美德。"谦"在各个时期有哪些状态？从爻辞的描述中得知其经过是：谦而又谦的"谦谦"，有名望而又谦虚的"鸣谦"，有功劳而又谦虚的"劳谦"，发挥谦虚美德的"撝谦"，在"谦"德具备的六五爻和上六爻，受到伤害时，也应出征讨伐敌方。

象曰："天道下济而光明，地道卑而上行。天道亏盈而益谦，地道变盈而流谦，鬼神害盈而福谦，人道恶盈而好谦。谦尊而光，卑而不可逾，君子之终也。"

天之位虽高，却光明普照下方；地之位虽低下，却随时以生机上升。天的法则是减损满盈而增益谦虚；地的法则是变化满盈而流向谦虚；鬼神的法则是祸害骄满而福佑谦虚；人的法则是厌恶骄满而喜好谦虚。谦虚被人尊重，尊者行之则有光，卑者行之则不可逾越。君子有此美德，就有好结果，终必高明，是有终也。

二、要能控制住自己——《艮》卦

卦辞：艮，艮其背，不获其身；行其庭，不见其人，无咎。

解读：《艮》卦由两个经卦艮叠加组成，即下卦艮、上卦艮。

《说卦》说：艮为山为静为止。因为山有止意。该止则止，适可而止，这就是上下皆经卦艮的《艮》卦所要表达的核心话语。

卦辞说，要控制背，即人的后背，背负重任时，要管住自身和内心，不能随便乱动，一心奔向目的地，路过门庭若市，也不与其他人打招呼，就如不见其人一般，达到人我两忘的境界，就不会犯错误（无咎）。这卦辞形象地说明了要控制住自己的基本前提。那么要依次控制哪些部位？要怎样掌控来修身养性？详见以下爻述。

初六：艮其趾，无咎，利永贞。

解读：初爻说，艮其趾，即要控制脚趾，表示出发点要正确。千里之行，始于足下，否则一失足成千古恨。这样做无过错，要有始有终。

六二：艮其腓，不拯其随，其心不快。

解读："腓"指人的小腿肌，腿肚子。"拯"指举，抬，在此指抬腿。

爻辞说，要控制自己的腿，不要步入不应该去的地方。虽然暂时心情不愉快，以后会好的。

九三：艮其限，裂其夤，厉薰心。

解读："限"是人的上身与下身的分界处，即腰胯部位，主管人的上半身。"夤"（yín）是背上夹肌。"薰"通熏。

爻辞说，要管住是非的分界线，不能越过是非界线。若越过，就像撕裂背上的夹肌肉般疼痛，又像火烤心脏那样厉害。

六四：艮其身，无咎。

解读：要控制全身的行动，走正道，才不至于犯过错。六四阴爻，柔而得位，象征高位者低调做人，处事允正。虽然身居高位，但是有卦辞"艮其背，不获其身"的觉悟，有不见有物，不见有我，只见其所当止而止的控制能力，位高而不犯错误，即"无咎"。

六五：艮其辅，言有序，悔亡。

解读：朱熹解说"六五当辅之处"[①]。即张口说话，必先启动颊骨，要控制语言。控制住嘴，不该说的不说。"祸从口出"。要讲道理，说话要有理有据，如此则不会后悔（悔亡）。

上九：敦艮，吉。

解读："敦"，指敦厚，厚道。如，敦睦邦交。爻辞说，作为正直的人，只有控制到敦厚的程度，才能吉祥如意。

---

① 引自朱熹《周易本义》第108页，九州出版社，2020年6月。

点评： 艮卦是由两个单卦艮卦重叠而成。单卦艮卦象征山，山是静止的。双重山是静而又静。震卦是动的，二者是对立统一的。《艮》卦以"敦艮，吉"结尾，具有现实意义。其深层次含义是修身养性，要约束控制住自己不去做违法之事。要遵守法律，要立德树人。法律约束人的行为，道德约束人的心，先有心动才去行动，因此人生一定要积德，要一步一步地积累，即"艮其趾""艮其腓""艮其身""艮其辅"，这一连串的行为用来比喻应遵循的人生轨迹。最后在上九爻终点，人品要达到"敦艮"而善终。

《艮》卦告诉我们，在人生各个时期，在欲念与天理之间，如何控制"刹车"。所以宋代易学大师朱熹告诉他的学生："《艮》卦是个最好的卦。"

三、积蓄品德修养——《大畜》卦

卦辞： *大畜，利贞。不家食，吉，利涉大川。*

解读： "畜"是积蓄。本卦主题是要积蓄品德修养，要积蓄学业有成就，为群众谋福利。卦辞说，"大畜"时期，不应坐在家里吃闲饭，应走出去，成长锻炼，可以吃"皇粮"走仕途生涯，为社会承担责任，锻炼成能"涉大川"的栋梁之才。

初九： *有厉，利已。*

解读： "厉"是危险。"已"（yǐ）是停止。

爻辞说，有危险就停止，等时机成熟再行动。在等待时机时，寻找克服困难、排除险阻的办法。

九二： *舆说輹。*

解读： "舆"是车，輹是制约车的闸，车被輹住，就要停止。这是比喻车在行驶过程中发现导向性错误，或遇到障碍物，就应该停下来，以免车毁人亡。

九三：良马逐，利艰贞。日闲舆卫，利有攸往。

解读： 仕途生涯就像在竞技场上良马互相追逐，有利于在艰苦奋斗中成长。平日既要练习驾车技能，又要练习自我防卫技能，这样才有利于锻炼成才。

六四：童牛之牿，元吉。

解读： "牿"（gù）指架在牛角上使牛不得顶人的横木。俗语"初生牛犊不怕虎"，比喻刚走出家门步入社会时，要防止因积蓄的修养欠缺，而气盛伤人。"童牛之牿"就不会伤人，大吉。

六五：豮豕之牙，吉。

解读： "豮"（fén），阉割。"豕"（shǐ），猪。

爻辞说，阉割过的猪，不会用锋利的牙齿去追逐异性，故安吉。此爻寓意走出家门积蓄品质、学业修养，要注意男女关系，应接受适当的性教育。看来我们的祖先，在三千多年前即已会阉割技术。

上九：何天之衢，亨。

解读： "衢"（qú），大路、大道。"何"，通荷。

爻辞说，大畜时期，肩负起天命走正道，亨通。《大畜》以"何天之衢"的比喻作结语，再一次显示了君子走出家门，修身养性之劳苦。随着道德积蓄，梦想的实现已成必然之势，可背负青天，壮游于大道，实现事业享通。

点评： 大畜卦从一开始就号召走出家门，进入社会继续积蓄品德、学业，这其中会经历曲折的过程。初九爻遇到问题暂停——"有厉，利已"；九二爻乘车途中车子坏了——"舆说輹"，又停下来修车；九三爻到了竞赛场互相竞争——"良马逐"；六四爻警告不要盛气凌人——"童牛之牿"；六五爻"豮豕之牙"暗喻应加入性教育；最后上九爻积蓄到可以肩负国家命运走正道时，应为民谋福。

四、遵守礼仪行事——《履》卦

"履"即礼。《履》卦是包含人文修养的卦。卦爻辞中有三处用"履虎尾"作比喻，有"咥（咬）人"与"不咥人"的不同结果，有"亨""凶""吉"的不同断语，展现出为人应该如何遵守礼节，如何做人、待人，又如何处世践履规范，这对于后代中华儿女道德品性修养影响深远。

《履》卦的爻辞，是对一个人在不同的发展成长阶段，对礼节执行的态度、践履的方式，通过"吉""凶"断语，做了正反两方面的阐述与结论。

卦辞：履，履虎尾，不咥人，亨。

解读："履"卦名。"履"（lǚ）有二意。一是履行，实行，实践，践踏；二是礼，《尔雅·释言》说："履，礼也。""咥"（dié），咬。"不咥人"指不咬人。

卦辞说，按照礼仪行事，即使践踏到老虎尾巴，老虎也不会咬你，可以亨通而过。言外之意，老虎屁股也可以摸，就看谁去摸，用什么方式去摸。

初九：素履，往无咎。

解读：按平"素"人之常情，礼仪交往，不必刻意行事，就不会有过错。

九二：履道坦坦，幽人贞吉。

解读："坦"是平坦。"道"是道路、道德。"履"在此有双重含义，为名词是"礼"，"履道"是礼道，明辨善恶的礼节之道，是平坦的正道；"履"为动词是行走，君子坦荡荡行走在此道路，即使在"幽"暗的环境里，也会吉祥。

六三：眇能视，跛能履，履虎尾，咥人，凶。武人为于大君。

解读："眇"（miǎo），一只眼瞎。"跛"（bǒ），腿或脚有毛病，即瘸子。

爻辞说，独眼看东西不清楚，瘸子走路不稳。就像走路踩着老虎尾巴，会被咬伤，有凶险；又像不懂治国理念的武夫当上了君王，那样不正常。

这些行为，是不遵守"履道"常规。若作为上层领导，搞不好人际关系，岂能安邦治国。

九四：履虎尾，愬愬，终吉。

解读："愬"（sù），谨慎小心，惊惧不安。

爻辞说，跟在老虎屁股后面走，只要小心谨慎，不踩上虎尾，最终会吉祥。

九五：夬履，贞厉。

解读："夬"（guài）即决，坚决，果断。"夬履"是与履道决裂，不走正道，很危险。

上九：视履，考祥其旋，元吉。

解读："旋"，旋转，回旋。

爻辞说，重视礼仪，考虑周到圆满，必然大吉。

点评：履卦讲人的行为要按礼仪行事，走正道，在践行的过程中，要陶冶情操，提高道德修养。不能胆小怕事，也不能过于急躁，要随机应变，表现在履卦的几个阶段："素履""跛履""夬履""视履"等，尤其表现在"履虎尾"，有时凶，有时吉，值得深思。

五、良臣择主而仕——《随》卦

"随"是跟随、随从、追随、随和。《广雅·释诂》："随，顺也。"

修身养性要选择和追随德高望重的"贤能者"，不仅需要他们的提携帮助，更需要跟随他们，接受熏陶，来提高道德水平以及服务大众的能力。要正确选择追随对象。要择善而从，"良禽择木而栖，贤臣择主而仕"。卦爻辞讲的是怎样去追随，应注意哪些问题。

卦辞：随，元亨，利贞，无咎。

解读：追随贤能者，君子一开始就要很坚定地追求，才有利于自己的人生事业不断进步和发展，如此就不会犯错误。

初九：官有渝，贞吉，出门交有功。

解读： "官"指官方、形势。"渝"指改变。"门"指家族门户。

爻辞说，形势在改变，要与时俱进，坚守正道则吉利。要打破门户观念，广交朋友是会有功效的。要从良友中找到贤能者。

六二：系小子，失丈夫。

解读： 此时的环境，是警告处于步入社会广交朋友阶段的人，要择善慎交，不可随遇而安。若随从小人交朋友，将失去贤能者的帮助，因小失大。

六三：系丈夫，失小子。随有求得，利居贞。

解读： 君子要跟随德高望重的贤能者，远离搞歪门邪道的小人。跟随贤能者会学习品德和提高才能，有利于坚持走正道。

九四：随有获，贞凶。有孚在道，以明何咎。

解读： "无见小利……见小利则大事不成。"[①] 若追随别人是为了获得眼前的蝇头小利，就丧失了胸怀大志，会有灾祸。胸怀大志走正道，才能明白这个道理。

九五：孚于嘉，吉。

解读： "孚"，诚心。"嘉"，善、美。

爻辞说，要诚心诚意跟随贤能者学美德做善事，这样的人生才会吉利。

上六：拘系之，乃从维之。王用亨于西山。

解读： "拘"指拘捕，拘留。"系"指捆绑。"从维"指释放。

君子运用了以上的卦爻追求贤能者，美德修养已达顶点上六爻。水满则溢，月盈则亏，君子因过错被拘捕，君王释放、教育他，悔改后，与君

---

① 引自《论语》第173页，中华书局，2016年12月。

王一起到西山祭祀。

点评：随卦的主题是跟随，要明确跟随的原则和目的。君子跟随贤能者是为了学习高尚的情操和对事业的进取心，目的不能是为了个人私利。本卦讲的人生经历曲折反复，开始是客观形势变化的"官有渝"；"系小子"时觉察不对；后"系丈夫"走正道；谋私利"随有获"则凶险；跟随他人走正道"孚于嘉"才吉祥；但最后走向反面被拘留，之后悔改又走上正道去西山祭祀。如此曲折反复，值得吸取经验教训。

六、正大光明向上升——《升》卦

《升》卦组成是经卦巽为木、为下卦，经卦坤为土、为上卦。卦象是下木上土，即嫩芽在土里，需要积蓄能量破土而出，柔能克刚，升到地平线上，逐渐成长上升到"十年树木，百年树人"。孔子解读《升》卦卦象是"地中生木。升，君子以顺德，积小以高大"。这是孔子所说的木破土上升。若是君子从低职逐步往高职攀升，需要有道德素质。宋代朱熹由此联想到人做学问："木之生也，无日不长，一日不长，则木死矣。人之学也，一日不可已，一日而已，则心必死矣。"[1]

卦辞：升，元亨。利见大人，勿恤，南征吉。
解读："升"指上升、晋升、升级、发展。"南"是南方，南为离为火，意指光明；按中国传统地图方位是上南、下北，"南征"是正大光明地往上升。升级大为亨通，会遇见大人物赏识，不必担忧。攀升要走正大光明之路，"南征"，吉祥。

初六：允升，大吉。
解读："允"指允升、允诺、承诺。初六虽然居六爻最底层，却获得攀升的允诺，大吉利。

---

[1] 引自《朱子五经语类》。

九二：孚乃利用禴，无咎。

解读："禴"即薄祭。想攀升，要用诚心在简朴祭祀时祈求，则无咎。

九三：升虚邑。

解读："虚"在古代是较大的行政区划单位。《说文解字》曰："虚，大丘也。古代九夫为井，四井为邑，四邑为丘，丘谓之虚。""升虚邑"是从小官攀升到大官，管的区域更大了。

六四：王用亨于岐山，吉，无咎。

解读："王"是周文王。"岐山"是周朝的发祥地。周文王受封为西伯之后，曾到岐山祭祀，此为吉祥，无咎。

六五：贞吉，升阶。

解读：坚持逐步走正道才会吉祥，就如同攀登台阶，要一步步登，不能一步登天。

上六：冥升，利于不息之贞。

解读："冥"（míng），昏暗，在此指苦思冥想。最后攀升到冥思苦想的职务，这有利于继续不停歇地走正路，做出更多的成绩。

点评：《升》卦展示修身需要攀升道德水平和服务能力，应走光明正大的正道。获得上级和群众的允许才能晋升。不要妄想一步登天，应一步步"升阶"。心中怀有远大的目标（"升虚邑"），靠个人努力终于达到"冥升"。

第四章　人生步入恋爱婚姻成家立业

一、求婚者进行修饰——《贲》卦

"贲"（bì），《说文》："贲，饰也。"人或物装饰、修饰、打扮。为了美观悦目，可以适当装饰，适当包装，但不能过度，不能掩盖了本质，造成虚假现象。修饰是一种礼仪，是人类生活的美化，是社会进步的标志。礼仪是人与人之间的一种情感沟通方式，尊重对方，就是尊重自己。在社会活动中，必要的礼仪修饰对事业的顺利发展，能起到良好的作用，求婚者也为此目的而修饰。请看《贲》卦。

卦辞：贲，亨，小利有攸往。

解读：修饰是应该的，是亨通。"利有攸往"是有利于顺利发展，在此加"小"字，一方面表示不要期望值过高，不要妄想对事业的追求一定成功；另一方面，要"小"修饰，不要过度。

初九：贲其趾，舍车而徒。

解读：趾是脚趾，把脚趾都修饰了。话说当前便有不少女性朋友把脚趾染成靓丽的颜色。"舍车而徒"指求婚者不乘车而徒步走，行走时让过路的人都能看见脚趾靓丽的颜色。

六二：贲其须。

解读："须"是胡须。把面部的胡须修饰了，指美容。自古以来人们都讲个脸面，脸面长相好，再加以修饰是锦上添花。尤其是修饰胡须更为重要，古代三国的关公被称为"美髯公"。求婚者以此目的而"贲其须"。

九三：贲如濡如，永贞吉。

解读："如"是语气词。"濡"（rú），浸洗、滋润、润色。爻辞说修饰得高雅华丽、光彩照人。要注意，仅仅"贲其须"还不够，因为"须"应包括"胡"与"发"，还应修饰头发，也要注重穿戴服装。还有"濡"是滋润脸面，类似当代人涂脂抹粉。如此礼仪修饰才能达到理想效果，希望"永贞吉"。

六四：贲如皤如，白马翰如，匪寇婚媾。

解读： "皤"（pó），白色。"翰"，快速。爻辞说，修饰得高雅、洁白、出众，骑着白马奔跑，不是贼寇抢婚，是来求婚。

六五：贲于丘园，束帛戋戋，吝，终吉。

解读： "丘"是丘陵、山坡。"丘园"，山坡上的园子、家园。"束"，捆、包扎。"帛"，丝织品。"戋"（jiān），小、少。该爻位是六五爻，高贵爻，地位高，在这个层次上办婚嫁喜事的房屋应是雕梁画栋，铺张华丽，周易却安排在"丘园"里，意指提倡婚事的简朴节约，最终会吉利。

上九：白贲，无咎。

解读： "白"指素色，朴素的颜色。爻辞说，人或物简单修饰，说得过去就行了。寓意勿浪费，节约，无遗憾。

点评： 《贲》卦阐述为了求婚要修饰打扮。身体从下往上修饰，从脚趾"贲其趾"，到修饰胡须头发"贲其须"，继而修饰脸面"贲如濡如"，然后骑着白马求婚，但修饰要适度，这样吉。不能掩饰了本质，不能修饰得面目全非，搞成虚假包装骗人，目的不纯，凶。

首先要交代的是，《周易》常通过比喻手法来拐弯抹角阐述事物，有时一箭双雕甚至多雕，使读者不知在说什么，不过可以去猜想。六十四卦每一卦都有主题，围绕主题用比喻去说明时，往往这些比喻可提出来单独论事。

例如《大过》卦的主题，是阐述人遇到危险时可以化险为夷，君子能屈能伸；栋梁弯了可以矫正过来，不用大惊小怪；超过年龄的老翁老妇也能谈婚论嫁。还可以把老翁老妇事迹提出来放在论婚恋里，见本章的第四部分。

同理，《屯》卦主题是逐渐积聚财富的过程。用男子求婚的经过做比喻，可以把求婚提出来作为主题，如下文所示。

二、三次求婚才成功——《屯》卦

《易传》是孔子解读《易经》的心得体会，对以后解读《周易》起到了绝对的引导性作用，似乎绝对正确。但"智者千虑必有一失"，《易传》中也有一些值得商榷或纠正之处。例如，《周易》排序第三卦的《屯》卦上六爻《象》曰："泣血涟如，何可长也。"众多人跟随孔子的解读：男儿求婚失败，悲痛流泪，哪里可以长久呢？把全卦否定。笔者说非也，理由如下。

卦辞：屯，元亨利贞。勿用有攸往，利建侯。

初九：磐桓，利居贞，利建侯。

六二：屯如邅（zhān）如，乘马班如，匪寇婚媾，女子贞不字，十年乃字。

六三：即鹿无虞，惟入于林中。君子几，不如舍，往吝。

六四：乘马班如，求婚媾，往吉，无不利。

九五：屯其膏，小贞吉，大贞凶。

上六：乘马班如，泣血涟如。

卦辞说，《屯》卦大为亨通，吉利。"勿用有攸往"是不要到处去追求，看准一条路走到底，亨通、利建侯。显然，这卦辞已预告求婚成功，因为"亨"通吉利。男方"乘马班如"去女方家三次，是在六二、六四、上六，都是在偶数二四六阴位，对女方既中正又得位、得中，突出对女方吉利。

南怀瑾先生在《易经杂说》里说"乘马班如"是："骑马，而且班如，后面还有一群人跟着，这样的派头去求婚，一定成功。"仅在初次即六二爻男方"乘马班如"去女方家求婚时，女儿虽心里愿意，却对父母撒娇说：不急，"十年乃字"。男方返回思考失败原因。

《周易》作者插入六三爻，打猎追逐鹿跑进森林，没有向导入林中会迷路。男方醒悟求婚要有类似于向导的媒婆。因为媒婆的巧嘴，比男方跑断了腿更有用。于是男方带领媒婆"乘马班如"去女方家，六四爻辞"乘马班如，求婚媾，往吉，无不利"。显然往吉，既然"无不利"，即没有不利的，当然求婚成功。随后送上礼品，就订婚了。男方九五爻中正、九五之尊有信心已订婚，"屯其膏"即积累资金，准备娶亲。在上六爻男方第三次"乘马班如"去女方家迎接新娘，上六爻辞"乘马班如，泣血涟如"。此时新娘哭得痛心"泣血"，是新娘告别父母养育之恩，难舍难离。古代，甚至近代有些地区乡俗，女儿做新娘，要离开父母到男人家，惜别之情必须哭，否则没有感情，而且要哭出声响，俗称"哭嫁"。父母也哭，亲属也要陪同哭，哭得越厉害越好，"涟如"是哭声连连不断。另一喻意，新婚是喜事，在上六爻是"屯"卦极点，乐极生悲，流的泪是喜泪。男儿娶亲成功！

再从卦象来看，《屯》卦，下为震为雷，上为坎为水。惊雷唤醒万物，水能滋生万物。卦象寓意万物复苏获得新生。女人似水，惊雷必使上面坎水降落成甘雨，滋润《屯》卦里的艰难的男儿，因此，婚姻成功，二者成为夫妻。

也可再从卦爻辞和爻位上分析，成功有三个理由：其一，卦辞用乾卦的卦辞"元亨利贞"，让男儿继承乾卦以"天行健，君子以自强不息"的精神去追求婚姻会成功。其二，《周易》作者巧妙安排男方为婚姻三次去女方家，是在六二、六四、上六，都是阴爻在阴位，既得位，六二又中正、得中，对女方吉。尤其是最后一爻即上六爻男儿娶亲时，阴爻在阴位对女子最为有利，婚姻应该成功。其三，巧妙地安排男方"三"次去女方家。中华传统文化的"三"字是吉利数字，表示众多、成功之意。宋代邵雍在《观物外篇》中说："《易》有真数，三而已矣。"把"三"视为真数。例如：三顾茅庐、三国演义、三字经及"三人同行，必有我师"；太极图里的阴阳鱼和阴阳之间"S"曲线为"三"；天地人三才；老子说"三生万物"。五行是金木水火土，有的公司起名以命理缺什么五行，便在名字里添加上，甚至把五行字写"三"个叠加成一个字，如五行缺金，便在名字里加入"鑫"，"三"个金，表示金钱更多；如缺木，加入"三"个木为"森"，等等。由上述可知，男方"三"次"乘马班如"去女方家求婚娶亲应成功！

以上仅以《屯》卦男儿求婚为例，《屯》卦还可隐喻其他事物，在此省略，仅对婚媾成功表态。这与孔子释意的结论正相反，也可能是笔者理解有误。但南怀瑾先生在《易经杂说》里说："不要以崇拜性的观念认为前人一定是对的，这样就不科学了。"《周易》是不朽的巨著，其作者巧妙的构思和排序，有深层次的蕴涵，把乾坤排在首二位是天地，第三卦《屯》卦是婚姻，是人的作为。如此前三卦是天地人三才。试问若天地成功了，作者会让人在配偶方面失败以致三缺一吗？

大学者郭沫若在《周易时代的社会生活》中认为：古代的数字观念，以"三"最为神秘，因此用"三"个阴阳符号相错构成八卦，八卦相重而成六十四卦。笔者新时代解读《周易》，认为乾坤二卦象征国家领空、领土，即乾坤象征一个国家。国家的基础是家庭，通常国家是由千万家组成的。乾坤形成国家，紧接乾坤的是《屯》卦，构建婚姻家庭，从道理上讲能让它失败吗？《周易》作者若直言写出求婚成功或失败，那就不称为《周易》了！反而故意在《屯》卦最后一爻的上六爻写"泣血"，这二字是谜语的关键！让后人去猜这"泣血"是男儿求婚失败流的血泪，还是作者隐含以民俗中女儿在"哭嫁"时惜别父母感恩之情流的泪水，甚至动情地流出血泪；或是作者让女方在上六爻乐极生悲，哭的是喜泪。

上述提出孔子将《屯》卦误解为婚姻失败，影响到后代跟随者，这仅举例之一，还有其他的例子，在此省略（详见《周易问答与精华》第四问）。因而古今皆有作者抛开《易传》，独立思考，著书立说。宋代易学大师朱熹名言："且须熟读正文，莫看注解。"当代有很多解读《周易》的书籍不采用《易传》。例如，赵又春在《我读周易》序言里写道："本书是抛开《易传》解读《周易》的书。"邵乃读所著畅销书《正本清源说易经》等，也是如此。

三、从恋爱过程到准结婚——《咸》卦

卦辞：咸，亨，利贞。取女吉。

初六：咸其拇。

六二：咸其腓，凶，居吉。

九三：咸其股，执其随，往吝。

九四：贞吉，悔亡。憧憧往来，朋从尔思。

九五：咸其脢，无悔。

上六：咸其辅颊舌。

《咸》卦是由下艮上兑两个经卦组成。艮是少男在下，兑是少女在上，卦象显示在下的少男追求在上的少女。少女同意，两性情感相互有吸引。这也符合物理学中同性相斥、异性相吸的原理。阴阳异性在恋爱中互相吸引。六爻的排列是由下往上的，正符合《咸》卦展现的恋爱过程。六爻中最底下的是初爻，初爻辞"咸其拇"中的拇是大脚趾，"咸"通感。初爻辞说，初次相见已经有感应了，但是在较低的层次，在脚趾的部位。虽然离心脏、离心心相印还较远，但开始交往时足部已有感应。"千里之行，始于足下。"这是好的开始，打好基础。

六二：咸其腓，凶，居吉。

解读： "腓（féi）指小腿肚子。互相感应到小腿肚子，比足部上升了，说明交往有进展，离心脏近些。小腿肚容易动，不要急于往前跑，时机不成熟，快动则凶，要冷静思考，居安思危则吉。

九三：咸其股，执其随，往吝。

解读： "股"是大腿。"执"是执着、执意。"随"是追随、跟随，爻辞说感应到大腿，大腿在小腿之上，情感又上升了，比喻男女双方的情感交流上升到了新的阶段，但还不到位，若执意去追随求婚，则不适宜。

九四：贞吉，悔亡。憧憧往来，朋从尔思。

解读： "憧"是憧憬，是一种想象；又一含义是频繁往来的样子。爻辞含义是男女恋爱，已达朝思暮想，纯真的爱情"贞吉"，没有悔恨。两性接触，少男"憧憧往来"，"朋从尔思"是"往来"的结果，少男的动作，得到了少女的回应。这是新婚之夜的预演，是准婚姻。同时上演了九五爻"咸其脢"的背部动作。动作并未停止，在上六爻"咸其辅颊舌"。吻对方的面颊（脸），又把舌头伸入对方嘴里，深情款款。[1]

点评： 《咸》卦阐述少男少女恋爱过程，逻辑性很强，其过程是："咸其拇""咸其腓""咸其股""咸其脢""咸其辅颊舌"。从下到上、从脚

---

[1]　参考纪有奎《周易问答与精华》第68页，华龄出版社，2020年8月。

趾到头部、从外到内，心心相印、拥抱接吻……这一系列操作放在当下环境，用一句话讲，就是快去领证结婚吧！因为《咸》卦的卦辞说这样"取女吉"。

四、老翁娶少妇古今皆有——《大过》卦

《大过》卦九二爻辞："枯杨生稊，老夫得其女妻，无不利。""稊"（tí）是嫩芽、新枝。爻辞说，枯萎的老杨树生出了嫩芽，年迈的老翁娶了位年轻女子为妻，这些没有不吉利。

老杨树是植物，衰老时还能生出嫩芽，比之老翁娶少女为妻，也可能是企图生育。本应少女嫁给少男（《咸》卦），在此少女却嫁给了老翁，超越了常规，对双方来说是"大过"，但是"无不利"。

大过，有些人理解为大过错，这种理解太过于表面了。当然，这需要视具体事情具体理解。笔者弟子李希胜不仅酷爱《周易》，博览群书，还对古今中外典籍有深厚造诣。以下案例是他插入的：

《史记》载："纥与颜氏女野合而生孔子，祷于尼丘得孔子"，叔梁纥与颜氏女年龄相差悬殊，是典型的老翁少妇组合。而且这种组合，多出麒麟之才。据有关资料记载，著名弘一法师李叔同，传说他的父母也属于老翁少妇组合。曾是国民党首脑的李宗仁，七旬余丧妻后和不足三旬的胡友松结婚，也是典型的老阳少阴组合（胡友松是中国第一代影后胡蝶的女儿）。诺贝尔获奖的著名物理学家，华人杨振宁82岁，娶28岁的翁帆女士为妻，众知。据悉，《天鹅湖》作曲家柴可夫斯基的父母也是年龄悬殊。诸如此类，古今中外比比皆是，切莫少见多怪，蜀犬吠日。

五、老妇嫁壮男古今类同——《大过》卦

《大过》卦九五爻辞："枯杨生华，老妇得其士夫，无咎无誉。""华"，同花。爻辞说，枯萎的杨树开了花，老妇人找到年轻壮士为丈夫。此婚姻没什么可责备的，也没什么可赞誉的。言外之意，应作为平常事，不必大惊小怪。

老妇嫁壮汉，就像枯萎的杨树开花，评价为"无咎无誉"。为什么在九二爻枯杨发嫩芽，对老翁娶少妇的评价是充分肯定的（"无不利"）。

而九五爻枯杨开花,对老妇嫁壮汉的评价既不肯定也不否定(无咎无誉)呢? 这是因为,枯杨本来就无多少生机,即使开花也不会结果,反而损伤元气加速衰亡,衰老的妇女即使嫁给健壮的汉子,也不会再生子女。所以此类婚嫁虽然不是什么错误,但也不值得称赞,古今皆有。

此类婚嫁关系,通常是公开透明的,但也有些非正式婚嫁在暗中进行。例如,唐高宗死后,武则天独揽大权。公元690年,武则天已年过花甲——六十七岁高龄,正式称帝,政治上虽然严厉果决,私生活却纵情淫乱,与多个男子有染。其中以二十余岁的张易之、张昌宗兄弟二人最为著名,此二人恃宠而骄、干预朝政,引起众怒而被杀。有人质问为何武则天女皇没怀孕生育? 因为"枯杨生华",指枯杨虽然会开花,却不会结出果实,老妇武则天因生理状态不会生育,不是春花秋实的春花,而是秋花不实,甚至老妇已是"冬花"。

六、帝王贵族用和婚换安全——《泰》卦

婚姻的种类很多,在帝王统治时期,为了边疆不被干扰、侵犯,采用和婚的策略与睦邻友好的方针,来换取本域的安全,从《周易》记载的"帝乙归妹"开始,影响到之后多个朝代,如下。

(一)帝乙归妹

《泰》卦六五爻辞:"帝乙归妹,以祉元吉。"

古代"归"为嫁,"妹"指少女。"归妹"指嫁女。"帝乙归妹"是说商纣王的父亲帝乙,把自己的小女儿嫁给周文王(姬昌)。那时周是西部地区最强大的诸侯国,是商下属的一个邦国,为了维护商朝稳定,用"帝乙归妹"的和亲策略达到友好往来,即"以祉元吉",祈求大吉利。"祉"是求、祈求。用和婚的方式祈求保持"泰"的国泰民安局势。所以《周易》作者在《泰》卦提出"帝乙归妹"。商王文丁,杀了周族首领季历,商周关系因此恶化。季历之子姬昌继位后,准备为父报仇,帝乙为了避免姬昌来犯,也为了修好商周间紧张微妙的关系,采用和亲的办法来缓和商周矛盾,稳定全局,希望唇齿相依的商周两大国之间不记前仇,亲善相处,双

方重归于好。

从此以后，"帝乙归妹"这种和婚方式，几乎影响到历朝历代，是统治者实行的对外友好的重要策略之一。

（二）昭君出塞

公元前 54 年生于平民之家，拥有绝世才貌的王昭君，后来被选入汉元帝的后宫。由于王昭君没给画师毛延寿贿赂，被画成丑女。汉元帝看画后没赐宠，使得昭君多年得不到皇帝临幸，心生悲怨。当汉朝的属国南匈奴首领呼韩邪单于来汉朝皇宫求婚时，汉元帝将宫女王昭君赐给单于，单于表示了永保塞上边境平安的决心。昭君临行时，汉元帝目睹昭君貌美出众，虽十分后悔，但相见已晚，否则定然留在身边。昭君出塞，在路途中暗含泪水，到达匈奴后，与单于共同生活了三年，生下一子。公元前 31 年，单于去世。昭君思乡心切，向汉廷上书求归，汉成帝敕令"从胡俗"，即遵从游牧民族风俗。于是昭君又嫁给单于长子，两人共同生活十一年，育有二女。公元前 20 年，此长子去世，之后不到两年昭君离开人世。昭君命运悲惨，受尽折磨，却为汉朝带来五十年的和平，遗留下"昭君出塞"的故事，这是"帝乙归妹"的后续。还有后后续如下。

（三）文成公主

文成公主（公元 625—680 年），名李雪雁，是唐太宗李世民宗室之女。汉族，因和婚，被加封为文成公主，聪慧美丽，自幼受家庭熏陶，知书达礼，信奉佛教。

松赞干布是藏族历史上的英雄，他统一藏区，建立了吐蕃王朝。唐贞观十四年（公元 640 年），他派人到长安，献金数千两和珍玩数百件，向唐朝皇帝"请婚"，唐太宗许嫁宗女文成公主。那时文成公主 16 岁，松赞干布 25 岁。和婚是唐太宗睦邻友好、安外保内的策略。唐太宗说："一桩婚姻就相当于十万雄兵。"

陪送文成公主的人员携带各种物品历经千山万水前往吐蕃，到达拉萨后，松赞干布为文成公主加冕，两人共同生活十年，松赞干布 34 岁英年早逝，文成公主继续勤奋地工作，由于信奉佛教，她参与设计和协助修建了著名的大昭寺和小昭寺，并促进了藏族农业和经济的发展。由于联姻，藏汉间的紧张关系得到了改善。她热爱藏胞，深受藏族百姓的爱戴，在此生活近四十年，一生无子女，于公元680年逝世。吐蕃王朝为她举行隆重葬礼，唐朝还派官员前往吊祭，这一和婚成了汉藏两族友好的纽带。

在历史的长河里，每个人都能在周易多元化的人生阐述里找见自己的身影，汉朝的王昭君和汉元帝，能在"帝乙归妹"里看见自己的身影。唐朝的文成公主和唐太宗李世民，也能在"帝乙归妹"里找到自己的身影。虽然时空不同，斗转星移，但这些人换个时间换个名字换个地点把历史重演一遍，历史是如此惊人地相似，无疑增加了"周易人生"的魅力，体现了"周易人生"的影响力和价值观。

七、平民婚姻——《渐》卦

《渐》卦阐述循序渐进的过程，是事物发展的普遍规律，可应用在多个领域，其中之一便是婚姻（女归）。鸿雁从婴幼儿逐渐长大飞上天，寻求比翼双飞的伴侣，一旦婚姻成功，至死不离。

卦辞：渐，女归，吉，利贞。

解读： "女归"是女子出嫁。"渐"是逐渐。鸿雁逐渐长大了，飞上天，找到了伴侣，忠贞不渝。比喻成年女子出嫁了，吉祥。鸿雁希望白头到老，坚贞不二，"利贞"。

九三：鸿渐于陆，夫征不复，妇孕不育，凶，利御寇。

解读： 妻子婚后在家中守望，等待出征的丈夫归来，但丈夫却在战场上迟迟不能归来，没办法怀孕生育，忧愁。丈夫为国尽忠、御敌，不能回家对父老尽孝、与妻子团圆。古今忠孝难两全。

九五：鸿渐于陵，妇三岁不孕，终莫之胜，吉。

解读： 妻子坐立不安，如同站在斜坡的丘陵上。婚后三年没怀孕，"终莫之胜"指最终虽没能如愿，但仍祈求吉祥。言外之音，青春的妻子在做梦，旁观者是否应该说："可怜无定河边骨，犹是春闺梦中人。"

点评：《渐》卦有多种含义，一是可以阐述为幼儿在家长的呵护下成长的过程。本卦六个爻，每个爻都有"渐"字，共有六个"渐"，阐述孩子逐渐成长的过程。二是卦中有渐进之意，阐述谋事不要急于求成，"欲速则不达，见小利则大事不成"[①]。事物发展要遵循规律循序渐进，不能一步登天。三是以嫁女作比喻，卦辞说"渐，女归，吉，利贞"。重点阐述婚姻问题。古时结婚要遵循渐进的程序，平民也如此：问姓名、八字、纳征、纳彩、婚期、迎亲等。结了婚，虽然卦辞说"女归吉"，但爻辞说的却相反，爻辞说"夫征不复，妇孕不育，凶"，又说"妇三岁不孕，终莫之胜"，这是说女方守"空房"不吉。

八、贵族婚姻——《归妹》卦

卦辞：归妹，征凶，无攸利。

初九：归妹以娣，跛能履，征吉。

九二：眇能视，利幽人之贞。

六三：归妹以须，返归以娣。

九四：归妹愆期，迟归有时。

六五：帝乙归妹，其君之袂，不如其娣之袂良。月几望，吉。

上六：女承筐无实，士刲羊无血，无攸利。

《归妹》卦由下兑上震两个经卦组成，说明如下。

（一）卦象下兑少女，上震长男，该卦是长男娶少女。以上所述的恋爱、婚姻的卦有《咸》卦、《恒》卦、《渐》卦等。本卦《归妹》卦辞："归妹，征凶，无攸利。"这是说古时男方主动求婚，若女方主动则为"征凶"，不利，这是其一解读。其二解读见下述（四）。

---

① 出自《论语》第147页，中华书局，2016年12月。

（二）本卦六五爻"帝乙归妹"（在《周易》里第二次出现），表示本卦婚嫁，是上层社会贵族婚姻。因为在《泰》卦里出现"帝乙归妹"，说明在贵族家庭里行得通，"泰"，通也。

（三）归妹的"归"指女子出嫁有归宿，"妹"是姐妹、少女、年轻女子。据记载，在商朝时，若姐姐嫁给了诸侯，胞妹或本族的妹妹要跟随姐姐作为陪嫁，到诸侯家做偏房称"娣"即妾，这是习俗。类似这种一夫多妻制风俗，延续多个朝代。中华人民共和国成立后，废除了这种风俗，所有人都要遵守我国法律法规，切实履行"一夫一妻制"，当代人看不见在这种风俗里有自己的身影。

（四）卦辞："归妹，征凶，无攸利。"这是说本卦"归妹"婚嫁为凶，不吉利。为什么呢？一些著作说，因为长男娶的是少女，年龄差距大，"凶"。笔者认为，在前面阐述《大过》卦时，九二爻辞："枯杨生稊，老夫得其女妻，无不利。""老夫"即老翁，年迈男子娶少女为妻，年龄差距更大，不是不吉利，换言之，不是"凶"。同是一个作者，周文王不会自相矛盾。笔者认为，是周文王对那时期妹妹陪嫁做妾的不良习俗提出批评，指其为"凶"。另外爻辞中对陪嫁女的相关描述也有贬意。例如，陪嫁女是跛脚瘸子，"跛能履"，是瞎了一只眼睛，"眇能视"等。

下面依次是六爻大致内容：

初九："娣"（dì），妹妹陪嫁为娣。"跛"，瘸腿。"履"，步行、走路。姐姐出嫁，"归妹以娣"是妹妹陪嫁，妹妹嫁到男方，是偏房，是妾，就像瘸子走路摇摆不正。按着古代习俗，规定为吉祥。

九二："眇"（miǎo），瞎了一只眼的少女。陪嫁到男方，不受宠而遭冷落，自己在幽静处利于守贞。

六三："须"通"嬃"（xū），姐姐。妹妹冒充姐姐出嫁，出嫁后被男方获知真相，男方返回女方家里说明情况，改为娣妾对待。

九四："愆（qiān）期"，延期。爻辞说，少女出嫁延期，婚庆选错了日子，重选婚庆佳日，再出嫁。

六五："袂"（mèi），衣袖、服装。"君"指正房妻子，她穿的衣服还不如娣妾的服装漂亮（比喻喧宾夺主）。月亮几乎圆时婚嫁，选择这个日子吉祥。

上六："刲"（kuī），割、宰杀。爻辞表示，新婚后，夫妻上庙祭祀，妻子拿的筐里没装果实，丈夫宰羊本应用血祭祀，却无羊血。暗示很难有后代，令人惋惜（暗喻这是由于陪嫁女混淆视听乱搅和的结果，为"凶"）。

点评：《归妹》卦以少女出嫁的经历为主题，描述了几种不同情况。古时女方不能主动找男方求婚，那是"征凶"；可随从姐姐一同出嫁做娣、做偏房、做妾，即"归妹以娣"；偶尔少女不甘做偏房、做妾，冒充姐姐出嫁是"归妹以须"，要更改；少女出嫁做偏房，以华丽的服装与正房争宠；最后女子出嫁后祭祀"承筐无实"，暗喻不能生育而叹息（"无攸利"），还不如"眇能视，利幽人之贞"。

九、这一类的女子不可娶——《姤》卦、《蒙》卦

（一）《姤》卦

由下巽上乾两个经卦组成。巽为风，乾为天，卦象是天下刮风。该女是"风"流、"风"骚。

卦辞：姤，女壮，勿用取女。

解读：此"姤"是卦名。"姤"（gòu）同"遘"，遘和、相遇。卦辞简短地下结论说该女子性格倔强，不可娶。又因卦象，一个阴爻在最底下，是指该女子与上边五个阳爻男子周旋。

初六：系于金柅，贞吉。有攸往，见凶。羸豕孚蹢躅。

解读："系"为绑住。"金柅"（nǐ）是铜制车闸。"羸"（léi），瘦，还有缠绕之意。"孚"，通浮，轻浮。"豕"是猪。"蹢躅"，猪发情时来回走动不安的样子。

爻辞说，车上须安装铜制的车闸，以便能控制住车。女人要控制自己，守贞才会吉祥。在前进的路上遇见凶情，便应刹车，喻指女人在情感方面不应轻举妄动，要有约束。如同"羸豕孚蹢躅"时，即猪在发情、轻浮乱动的状态时，应受到约束。

九四：包无鱼，起凶。

解读：九四爻与初六爻有对应关系，因是下卦底爻（初六）与上卦底爻（九四）对应关系，又是阴阳爻姤和相遇，如同原配夫妻关系，初六依靠九四是天经地义之事。

本来这一对男女相遇，如同天地相遇相配，是一家人，但初六不是贤妻良母，而是一位无良女子，致使家道衰落到厨房无鱼的地步，起凶。

九五：以杞包瓜，含章，有陨自天。

解读："杞（qǐ）是杞柳树的名字。"陨"（yǔn），陨石、降落。"章"是文章。

爻辞说，用杞柳条做成筐包着甜瓜。不让它外露，这是包装的文章，不真实，就像落下的陨石被摔碎，将暴露实质。寓意女子要与对象姤合，不能虚伪。虚伪者迟早会暴露出原形。

上九：姤其角，吝，无咎。

解读：此"角"是动物头上高尖的犄角，意指高，寓意要姤合，不要高攀，要门当户对，如果双方各方面差距很大，难以成功，也无需责备。

点评：《姤》卦提醒男女双方欲姤合，需具备主观和客观的条件，不仅讲求素质品德，还要讲求与之相关联的经济实力。仅"包有鱼"还不利招待宾客，若"包无鱼"起步则凶。姤合的思路，可扩大到社会群体各方面的合作条件。

（二）《蒙》卦六三爻

《蒙》卦六三：勿用取女，见金夫，不有躬，无攸利。

解读：不要娶这种女人为妻，见到有财势的男子（金夫），不是按礼节规矩行事，而是随意失身投靠，把这种拜金又没有底线的女人娶回家，必然有害无益。当今社会不乏此类女人，图财害命，屡见不鲜。

第五章　家和万事兴

一、夫妻生男、生女规律揭晓

夫妻生育是组成家庭的重要课题之一,尤其古代家庭更重视夫妻生育,所谓"不孝为先,无后为大"。生儿养老的观念深入每个家庭,当代有的家庭也如此。有的夫妻因不生育而婚变。因生育问题弄成家庭不和,也就谈不上"万事兴"。因此本章首先阐述夫妻生男、生女的规律:

首先从八卦谈起。八卦象征一个家庭,父母有三男、三女,合计八人,各占一卦位。

(一)八卦的每一个经卦都是三爻,即三个元素。

(二)奇数为阳为男,偶数为阴为女。

(三)阳爻一横是一画,为一、为奇数、为男;阴爻一横中间断开是二画,为二、为偶数、为阴、为女。

(四)乾卦(☰)为三画、为奇数、为阳、为男、为父;坤卦(☷)为六画、为偶数、为阴、为女、为母。

(五)震卦(☳)长男、坎卦(☵)中男、艮卦(☶)少男,这都是五画,五是奇数为男;巽卦(☴)长女、离卦(☲)中女、兑卦(☱)少女,这都是四画,四是偶数为女。

(六)夫妻生男或生女,取决于三个元素(三爻)。若这三个元素相加之和为奇数,则生男;若是偶数,则生女。见上述(三)、(四)和(五)。

(七)这三个元素分别是丈夫的年龄、妻子的年龄和选择怀孕的月份,都以农历计算。

(八)感兴趣的读者若因想去实践,则需要首先去研究若干对夫妻已生育的子或女,这是"果";逆推怀孕的月份和夫妻怀孕时的年龄,这是"因"。由此得出生男或生女的规律。读者知晓这一规律,将赞叹"《周易》猜想"中的奥妙,赞叹《周易》丰富的内涵与深刻的智慧、哲理和科学。

科学已证实,人类的生殖细胞中有二十三对即四十六条染色体,其中二十二对为常染色体,一对为性染色体。女性的染色体为XX,男性的染色体为XY。卵子所含的染色体只有X一种,而精子所含分别是X染色体和Y染色体。当含X染色体的精子与卵子相结合,受精卵子为XX型,则发育为女胎；当含 Y 染色体的精子与卵子相结合，受精卵为 XY 型，则发育为男胎。因此生男生女主要是取决于什么类型的精子和卵子结合。这与上述八卦生男或生女密切关联，例如，夫妻选择生男孩的月份，而夫妻的 X 和 Y 不配合，该月不会怀孕；否则，若该月怀孕必是男胎。

二、夫妻恩爱永恒——《恒》卦

《咸》卦是指少男少女完成谈情说爱，结婚之后，巩固了爱情，成了长男长女，为《恒》卦；或是长男、长女新婚到永恒。下巽上震，巽为长女在下，震为长男在上。上卦是震、是雷、是刚；下卦是巽、是风、是柔。这是男主外，女主内，女人跟随男人，是"夫唱妇随"，夫妻配合得很好，家庭才会"恒"。

卦辞：恒，亨，无咎，利贞，利有攸往。

解读："恒"是指丈夫要全力维持夫妻关系长期稳定，才能无忧（"无咎"）。要走正道，前进路上才能有利发展（"利有攸往"）。

《易传·象传上》说："天地之道，恒久而不已也。"这是说夫妻关系就像天地运行，恒久不会改变。在《恒》卦六爻之中，对成熟的成年人提起警告要"恒"，几乎每爻都有告诫批评之意。

初六：浚恒，贞凶，无攸利。

解读："浚"（jùn），深。

爻辞说，这是对丈夫的提醒，刚结婚，就对夫妻之道高标准严要求。"浚恒"，使新婚妻子反感，不能这样继续下去（"无攸利"）。

九二：悔亡。

解读：夫妻双方相互谅解才能无怨无悔（"悔亡"）。

九三：不恒其德，或承之羞，贞吝。

解读：夫妻不遵守道德，不忠贞于对方，出现第三者。或男女间出现令人蒙羞的事件，很遗憾。

九四：田无禽。

解读：男人到田间打猎没有收获，寓意要改变谋生的出路，维持家庭的生活，才能"恒"。

六五：恒其德，贞妇人吉，夫子凶。

解读：妇女勤奋做家务、做劳动是美德，吉祥。丈夫应知"巧妇难为无米之炊"，已经"田无禽"，家中没有饮食，又不去做其他谋生之事，会遇饥饿凶险。

上六：振恒，凶。

解读：夫妻经常吵架，使生活动荡不安，凶险。家和才能万事兴，夫妻关系才能"恒"。

这是在《恒》卦顶端上六爻，物极必反。若夫妻关系延续到今天，当代人会劝慰说，别离婚，设法维持正常的夫妻关系，直到永"恒"。

点评：无德之人"浚恒"，挖人家墙脚。做错事之人，改正，总后悔无用，要"悔亡"（忘掉）。有美德之人要"恒"（坚持），即使妇女做些家务事也"贞妇人吉"。"不恒其德"是指不坚持美德之人，将会羞耻。要知晓恒中也要变，不能总以打猎为生，当"田无禽"时，家人挨饿，生活动荡（"振恒"），仍然恒守固有的谋生手段，无应变能力，则凶险。

三、家庭里的妻子是半边天——《家人》卦

卦辞：家人，利女贞。

解读：古代男人主外，女人主内。女人在家操劳家务，安分守己是吉利的。

男人虽然是一家之主，男主外、女主内是分工，这决定了家庭关系中的重点是女人，女人不仅要相夫教子，料理家务，还要负担起维护家庭成员之间关系的责任。因此，主妇在家庭中的位置、影响至关重要，这就是

卦辞"利女贞"。只有主妇守本尽职，家道才会正，家人之间才会和睦相处，丈夫才能无后顾之忧，全身心致力于事业发展。反过来讲，女不贞，当然就不利了。典型的例子就是《水浒传》里，武大郎娶了漂亮女人潘金莲，他无论刮风下雨都在外面挑着担子卖烧饼，"家主妇"却不守妇道在家偷汉子，结果武大郎不仅发不了家，还被灌毒丢了性命。因此，娶到一位贤妻良母型的女人，是关乎家庭兴旺的重中之重。

初九：闲有家，悔亡。

解读：男人在外工作回到自家休息，温暖的家庭使他忘掉不愉快的事情。

六二：无攸遂，在中馈，贞吉。

解读：不要要求主妇立大功，把家中饮食和家务认真做好，便吉祥如意。

九三：家人嗃嗃，悔厉，吉。妇子嘻嘻，终吝。

解读："嗃嗃"（hè），严厉。

国有国法，家有家规。"家人嗃嗃"是家规太严厉，令人不愉快，但是"吉"。若主妇和孩子终日嬉皮笑脸没规矩，最终无益。

六四：富家，大吉。

解读：治家富了，大吉（民富国强是百姓的愿望）。

九五：王假有家，勿恤，吉。

解读：君王像治理家庭一样管理国家，那么百姓就没有什么忧虑，吉祥。九五之尊，在一个国家里就是君主，在家庭里则是主妇。

本卦是主妇治理家庭，喻指君王治理国家，一箭双雕。国家是由千万个家庭组成的。民强国富、国富民强，相得益彰。

上九：有孚威如，终吉。

解读："孚"，诚信。"威"，威严。

爻辞说，家庭或国家要有诚信、有威严，"言必信，行必果"①，就肯定会发展吉利顺畅。

点评：《家人》卦表面上是说治理家庭，实质则是说治理国家。《道德经》讲"治大国如烹小鲜"，和这个有异曲同工的道理。有了家庭才能组成国家，二者紧密关联。国以民为本，民以食为天。六二爻讲了饮食"中馈"，是由家庭主妇操作。古代虽然男尊女卑，但《家人》卦特别强调了女主人在家中的地位和作用，从卦辞开始到爻辞，几乎都有女主人的身影。初九爻"闲有家，悔亡"，喻示家中有主妇的温暖，成为男人的避风港。"家人"应有主妇，主妇又喻示贤君、君王。例如，九五爻"王假有家，勿恤，吉"，就是说君王忠于治理国家，百姓则无忧而吉祥。

总结第四章和第五章的人生婚姻家庭，用托尔斯泰名著《安娜·卡列尼娜》开篇第一句话作为总结："幸福的家庭都相似，不幸的家庭各有各的不幸。"

---

① 引自《论语》第175页，中华书局，2016年12月。

第六章　人生如何交友与处世

一、结交朋友与邻国睦邻友好——《比》卦

《比》卦主题是如何结交朋友，扩大为国与国之间要睦邻友好，具有现实意义。"比"指亲密，是二人肩并肩行走。卦象下坤上坎，即下土上水，水从高处往下流入土，水与土亲密融为一体。这里有两个含义，一是水往低处流，比喻谦逊诚意；二是水融入土，可以滋润植物生长，促使庄稼、果蔬结果，比喻助人为乐。

卦辞：比，吉。原筮，元永贞，无咎。不宁方来，后夫凶。

解读："比"是吉祥。"原筮"是第一次占卜问事，有结果就可以了，这是诚信，若再占卜就是不信任神灵，是亵渎。此处可参考《蒙》卦"初筮告，再三渎"。"元永贞"指从一开始就坚守正道，就会吉祥无灾难。从用诚信结交朋友，扩大为国与国诚信结交，睦邻友好。"不宁方来，后夫凶"是"元永贞"的反面，不以诚信结交的朋友，会"翻脸不认人（凶）"。国与国之间不走正道，会闹出事（凶）。

初六：有孚比之，无咎。有孚盈缶，终来有它，吉。

解读："有孚"指有诚信。"盈"，满也。"缶"（fǒu），陶瓷制品，瓦罐，古时用来盛酒的器具。

人与人，或国与国，应友好团结，这样没什么坏处。"有孚盈缶"是比喻诚意，就像饮用盛满罐的酒。"终来有它"意指如此诚意、亲比、和合与共，最终还会有意外的收获，吉祥。

六二：比之自内，贞吉。

解读："内"有双重意义：一是指结交友人时坚持诚信，发自内心，将心比心才能善交；二是一个社团或一个国家，要搞好内部团结，团结就是力量，坚守正道则吉祥。

六三：比之匪人，凶。

解读："匪"通非。与居心叵测之人去亲比，要警惕凶险。说到这里，额外补充一点，如何去看所比之人是否居心叵测。如果一个人和你讲话时，闪烁其词，左顾右盼，眼神躲闪，八成心里是在打歪算盘。如果一个人和你一边说是是是，一边手在左右摇摆，也许是口是心非。这是提醒我们在与人交往谈话时，也要注重自己和对方的表情。

六四：外比之，贞吉。

解读：走出家门，在外用诚信广交朋友，走正道，则吉。国与国之间，对外睦邻友好，共同坚持走正道，则吉祥。

九五：显比，王用三驱，失前禽，邑人不诫，吉。

解读："显比"指处世光明正大，无论是人与人，团体与团体，或国与国，处世都要正大光明，彰显无私宽宏气魄。在此是用君王狩猎作比喻。古代君王狩猎时带着一群人，从左、右、后面驱赶猎物（三驱），供君王狩猎，唯前方留给猎物逃路，俗称"网开一面"，表示君王胸襟开阔。因此被君王册封的邑人，或邑国，见此景此情就对君王不存戒心（诫），吉祥吉利。

上六：比之无首，凶。

解读："首"是首领。人与人，团体与团体，尤其是国与国，相互之间建立友好联盟时，总得有个首领、主席之类，定期召开协商会议，共谋发展。即使是值日主席，也是为首。若无首便是一盘散沙，无法协商制定方针政策，没有凝聚力，会发生不利的后果，凶。这具有现实意义，古今类同。

点评：《比》卦指代用亲比结交朋友，内容广泛，人与人之间、社团之间，甚至扩大到国与国之间，都要以诚信为前提、为核心。《比》卦六爻都有"比"，而且适用对象多元化。从初六开始，依次为"有孚比之""比之自内""比之匪人""外比之""显比""比之无首"。重点阐述了比与被比之间的关系，都要有诚信善意，彼此团结起来才有力量，拧成"一股绳"，和合与共。这对当今也有现实意义。

二、广泛结交朋友——《同人》卦

同人与当今的同志很接近，指志同道合的人。但《同人》卦阐述的是人与人之间不仅要思想沟通、相互理解，还应进一步互相帮助，也就是通常所说的："一个篱笆三个桩，一个好汉三个帮。"

卦辞：同人，同人于野，亨，利涉大川，利君子贞。

解读："同人"，卦名。《辞海》讲"同人"是"志趣相同的或共事的人"。"野"是比较遥远的地方，古代空间由近至远依次是：乡、邑、郊、野。"同人于野"是与远方的人交朋友，是"四海之内皆兄弟""海内存知己，天涯若比邻"。在此获知《同人》卦，交朋友的最终目的是要达到高远目标，相信共同的事业是"亨"通的，有利于在巨浪中渡过大川。就如同解放战争中"百万雄师过大江"，又如两万五千里长征到达目的地。"利君子贞"指广交朋友利于君子走正道发展，说明人生要学会广交朋友，搞好团结，甚至集体和国家也是如此。

初九：同人于门，无咎。

解读："门"是派别，俗称门派。例如，孔门弟子、佛门弟子等。初九是刚走出家门，步入社会，向道德品质和学业成就比自己高的人学习，无后患。

六二：同人于宗，吝。

解读："宗"是宗族、宗亲、宗派。

爻辞说，仅在有血统关系的宗族范围搞团结，实在是过于局限，使人遗憾。

九三：伏戎于莽，升其高陵，三岁不兴。

解读："戎"（róng），军队、士兵。"莽"（mǎng），茂密的草丛。"三岁"，喻多年。

爻辞说，军队埋伏在草丛中，又派人在高山瞭望敌情时，见敌军防御较严，不敢轻举妄动，多年不敢兴师进攻。悄悄积蓄力量，继续扩大"同人"，以利进攻，这是九三爻的主旨。

九四：乘其墉，弗克攻，吉。

解读："乘"，登上。"墉"（yōng），城墙。

爻辞说，终于进攻了，已登上城墙，"弗克攻"指没有继续进攻，为减少流血牺牲，争取和平解决，则吉祥。《孙子兵法》也有讲，"不战而屈人之兵"，差不多一个意思。毕竟，正义者去打仗的目的不是把对方屠戮干净，而是为了自身的安全，更好的发展。

九五：同人，先号咷而后笑，大师克相遇。

解读："咷"（táo），哭喊。

爻辞说，同人们最初被敌人围困，高声喊叫。援军闻声来到，两军会师，共克敌军，因此"同人，先号咷而后笑"。换言之，同人相助取得胜利。

上九：同人于郊，无悔。

解读：卦辞定的目标是"同人于野"，上九爻同人已到达"郊"，已接近"野"了，几乎达到了"同人于野"的目标，无悔恨。

点评：《同人》卦是讲团结一切可以团结的力量，五湖四海皆兄弟，组成统一战线，目的是要取得战争的胜利，还要用好战略战术。一、二爻讲的是团结力量，三至五爻讲的是战争。团结的"同人"范围由小到大，经过"同人于门""同人于宗"以及数场战争，最后达到"同人于郊"的最终目标，结成了广泛的统一战线，凝聚了强大的力量。

三、高姿态做人——《损》卦

《损》卦的"损"是损失，说的是自己以诚信去帮助他人，即使自己有些损失，也要去做。这是崇高的品质，高姿态做人。自己代表了小集体，他人代表了大集体，甚至是国家。提高到更深层含义，即为了国家的利益，可以牺牲自己。具有现实意义。

卦辞：损，有孚，元吉，无咎，可贞，利有攸往。曷之用？二簋可用享。

解读："损"指损失，减少。"曷"，何，什么。"簋"（guǐ），竹子编制的装食物的盘子。

卦辞说，只要诚心（有孚）帮助他人，即使自己受些损失，也无遗憾，吉祥。送人玫瑰，手有余香。这是指走正道有利于交往，如同在祭祀时，虽然只是供了两盘微薄的供品，只要心诚，还是会灵的。

本卦辞中心思想是无私助人。用美好的词语称颂："元吉，无咎，可贞，利有攸往。"有诚意是重要的原则。

初九：已事遄往，无咎，酌损之。

解读："遄"（chuán），快、迅速、急。"已"，通祀。

爻辞说，当他人需要帮助时，视情况放下自己的工作，急速赶去先帮助他人，如同赶去祭祀一样重要。同时也应考虑使自己尽量减少损失（酌损之）。

九二：利贞，征凶，弗损，益之。

解读：守正则利，征伐则凶。"勿以恶小而为之，勿以善小而不为。"处世要做到不仅不损害别人（弗损），还要有益于人。

六三：三人行则损一人，一人行则得其友。

解读："三"不是数词，是形容词，表示多。同理"一"表示少。

爻辞说，当你富有时应该帮助少数贫困者；当你贫困时必然会有友人帮助。换言之，前句话是指帮助别人可能自己有些损失；后句话是指得到回报。

六四：损其疾，使遄有喜，无咎。

解读："疾"是疾病，引申为行为不当的缺点、错误。

爻辞说，自己的缺点错误也是损失，应该立即改正。"使遄有喜"是尽快改正缺点、错误，才能有喜讯，无后顾之忧。

六五：或益之十朋之龟，弗克违，元吉。

解读："朋"即朋贝，古代以贝壳当钱用。

爻辞说，假如他人送你价值十朋的金龟，你应接受，不要违背他人的心愿，那是你曾去帮助过他的回赠，这是吉祥的。引申为"善有善报"，如同六三爻。这在《未济》卦里阐述为"善有善报，恶有恶报"，在此作为《未济》卦因果报应的伏笔。若去助人为乐，虽然自己受些损失，但会得到"善报"。

上九：弗损，益之，无咎，贞吉，利有攸往，得臣无家。

解读：《损》卦至此已达顶点。爻辞出现"家"，即小家和大家（国家）。把自己扩充为臣民的小家，是小集体，把他人扩充为国家，是大集体。有千万小家小集体才能构成国家大集体。臣民百姓使国家受益，对自己并无损失（弗损），因为国富民强，没什么不对的，坚守正道，往前进"利有攸往"。"得臣无家"指臣民百姓效忠国家，甚至把家都忘了。如此解读，爻辞用了称赞词"益之，无咎，贞吉，利有攸往"。在下一卦《益》卦里，会讲国家君王回报臣民，百姓受益。

点评：《损》卦阐述人生观和做人的规范。为人要有诚信，讲诚信的人"有孚、元吉"。要以诚意去帮助人，即使自己有些"损"失也要去做。虽然不考虑回报，却会得到"善报"。《损》卦宣扬了损己利人的美德。再提升高度，即下级要为上级服务，地方要为中央服务，如此便没有损失（弗损），只是尽应尽的义务，在其位谋其事。

四、人生中遇到君王回报而受益——《益》卦

上一卦是《损》卦，阐述《周易》的人生观，虽然个人会有些损失，但要以诚意去助人。在上九爻展示了平民百姓无私地为君王管理的国家效忠。本卦《益》卦阐述了君王如何回报平民，使百姓受益。损者是失、是因，益者是得、是果。也就是"我为人人"是因，"人人为我"是果。换句话说，没有失，就没有得。这是《周易》中的价值观。

卦辞：益，利有攸往，利涉大川。

解读："益"是善益他人。这是君王使臣民百姓受益，改善民生，有利于发展君王事业，有利于度过艰难险阻。

初九：利用为大作，元吉，无咎。

解读：君王用于有关民生的大作为，使百姓增益，吉祥如意，没有过错。

六二：或益之十朋之龟，弗克违，永贞吉，王用享于帝，吉。

解说："或益之十朋之龟，弗克违，永贞吉。"这与《损》卦六五爻词一样。送你价值十朋的金龟，你应接受，不要违背他人的心愿，那是你曾经帮助别人所得的回报。两处赠送者应不同，此处暗示，是君主给你的（益处）。"投之以桃，报之以李"，君王以此心去祭祀天帝。

六三：益之用凶事，无咎、有孚，中行，告公用圭。

解读："凶事"，灾害。"圭"（guī），古代用玉雕刻成长方形的吉祥物。

爻辞说，君王把收益用在灾害救助上，无过错。群众守信走中正之路，并告诉君王祭祀时用吉祥的圭玉。

六四：中行告公从，利用为依迁国。

解读："依"，依据、依靠。

爻辞说，走中正之路，群众劝告君王顺从民意，依据这些理由应该迁都。

九五：有孚惠心，勿问元吉，有孚惠我德。

解读：（君王）有诚信，施惠于民之心，不用问，这是大吉之事。百姓也会诚信施惠于我（君王）。

上九：莫益之，或击之，立心勿恒，凶。

解读：（若君王）不做有益于百姓的事，反而伤害百姓，没有恒心坚持益德，就危险了（这是警告君王居安思危："物极则反，盛极则衰"）。

点评：《损》卦的主角是人民群众，主题是为人要有高尚的品德，不计较个人得失，以诚意助人为乐，对国家无私（不计较损失）地贡献自己的力量，这是小家对国家，是下级对上级，即"损下益上"。

《益》卦的主角是君王（代表国家），主题是君主获得人民群众的贡献，拿出部分资金（损失），施惠于人民，使群众受益。即"损上益下"。

据《正本清源说易经》记载：1973年在长沙马王堆出土了《帛书易经》，在《益》这篇文章中，孔子专门谈到"损"和"益"这两卦。孔子要他的弟子们好好学习这两卦。孔子说："损益之道不可不察也。益之始也吉，其终也凶。损之始也凶，其终也吉。损益之道足以观天地之变，损益之道足以观得失。"言之有理。

这两个卦，《损》卦是损者、失也；《益》卦是益者、得也，有失便有得，有得便有失。这两个卦是姊妹篇，是对立统一的，代表了周易的人生观、价值观，蕴涵深远，具有现实意义。即人民对国家无私贡献，而人民的向往和理想便是国家努力去做的方向。

五、处世遇到分歧者——《睽》卦

《睽》卦由经卦下兑上离构成。兑为泽，离为火。泽水往下流，离火往上升，二者分离而分歧，故称《睽》卦。"睽"为背离。又因兑为少女，离为中女，二女各自出嫁时也分离。

卦辞：睽，小事吉。

解读："睽"（kuí），"目不相视也"（《说文》），背离，分歧，违背不和。两个人的观点有分歧，对同样事有不同的看法，若在小事情上意见不和，无大妨碍，无所谓，故小事吉。

初九：悔亡，丧马勿逐，自复。见恶人，无咎。

解读：马走丢了，不用去追逐，因为马跑得比你快。也不用懊悔，圈养的马会认识自己的马圈，会自己回来（"自复"）。这比喻你自己认识的朋友与你意见不和，你劝导他，他改正了，会回来。如果是相反的粗鲁坏人，走开了，也无遗憾。

九二：遇主于巷，无咎。

解读：原意为与主人不和，在窄巷中对面相遇（"遇主于巷"），只要稍加躲让，双方都能通过。这是解决"睽"的一种姿态，无过错。比喻双方解决问题的方法虽然不同，但各有优缺点，双方各自让步，便通过了。

六三：见舆曳，其牛掣，其人天且劓，无初有终。

解读："舆"，车。"曳"（yè），拖拉、牵引。"掣"（chè），牵制、阻碍，例如掣后腿。"劓"（yì），古代割鼻刑法，在此喻指五官不正。"天"，其意不是人为的，是先天的。

爻辞说，遇见牛拉车，牛不好好拉车，车夫先天五官不正，牛与车夫又不配合（"睽"），初始状况艰难，但最终到达目的地。这比喻人员很复杂，在一起议论事，各抒己见（"睽"），最终不"睽"了。

九四：睽孤遇元夫，交孚厉，无咎。

解读："睽孤"是指与别人有分歧而自己又很孤独的人。"元夫"，大丈夫。"孚"，诚意。

爻辞说，睽孤，这个人与人不和而孤独，巧遇有智慧的大丈夫，被其艰难地说服，于是既往不咎 ①。

六五：悔亡，厥宗噬肤，往何咎。

解读： "厥"（jué），其，他的，文言代词。"宗"，宗族。"噬"（shì），吃。"肤"，肉，肥肉。

爻辞说，懊悔的事过去了，宗族到祖庙祭祀，相聚共进酒肉，消除分歧团结了，共同前进无过错。

上九：睽孤，见豕负涂，载鬼一车，先张之弧，后说之弧，匪寇婚媾，往遇雨则吉。

解读： "豕"（shǐ），猪。"负涂"，涂上泥巴。"载鬼一车"是车上载了一车鬼。"弧"，木弓。"说"，脱。"匪"，非。"寇"，抢劫。"婚媾"，结婚，娶亲。

爻辞说，睽孤此人看见猪身上涂满泥巴，车上求婚人带领一群化装的人，以为是一车鬼，拉开弓箭欲射，仔细看时松开了弓箭，原来是娶亲，不是抢亲，是吉祥场面。他往前行，若遇到甘雨则更吉祥。这比喻批改文章要反复阅读，粗看与自己意图不符（"睽"），若仔细再阅读，发现原文很好。润笔（雨）继续写下去应更顺畅。

点评： 《睽》卦是讲通过沟通，增进相互了解，消除不和与分歧，共同前进的过程。它用多种比喻讲道理，从"丧马勿逐"开始，经过"遇主于巷"谦让而过，见到拉车的牛与车夫不合，最终合作到达目的地；"睽孤遇元夫"是巧遇元夫，被感化说服；宗族祭祀相聚共进酒肉而团结。这些都是化解"睽"的例子。最后上九爻，睽孤遇"载鬼一车"欲射箭，仔细看发现是误会，消除误会避免了伤亡，以对方喜庆婚姻而告终。

---

① 引自《论语》第33页，原文是"成事不说，遂事不谏，既往不咎"，中华书局，2016年12月。

六、为人处世诚信为本——《中孚》卦

《中孚》卦的"孚"即信、诚信。在《周易》卦辞爻辞中有"孚"皆吉。《中孚》的"中"，是不偏不倚，正中。"中孚"就是诚信，走中正之路。儒家讲仁、义、礼、智、信，"信"在其中至关重要。讲为人处世要以诚信为本，是崇高的品质，是美德。下面讲《中孚》卦。

卦辞：中孚，豚鱼吉，利涉大川，利贞。

解读："中孚"，卦名。"中孚"是心中诚信。一说"中"通忠、忠心。"豚"，小猪。"鱼"，小鱼。

卦辞说，只要心中怀有诚意，即使用小猪小鱼这样的微薄礼品进行祭祀，也会吉祥。利于办大事、成大业、过大川，利于坚守中正之道，利于人生事业不断发展。

初九：虞吉，有它不燕。

解读："虞"（yú），预料，忧虑，还有欺骗之意。"燕"通晏，晏安、安定。

爻辞说，社交时要提高警惕。社交要有两种准备，先小人，后君子。初交时不要太相信，这样做是对的（吉）。但不能"有它"（表露出来），使对方觉察到会不舒服，坐立不安，要察言观色。

九二：鸣鹤在阴，其子和之，我有好爵，吾与尔靡之。

解读："阴"，树荫。"爵"，古时酒杯，在此指酒，好酒。"吾"，我。"尔"，你。"靡"，共享。

爻辞说，大鹤在树荫处鸣叫，小鹤听到应和鸣叫。大鹤鸣叫时说我有好酒，来吧，我与你共饮。寓意诚心诚意会引起共鸣。

六三：得敌，或鼓或罢，或泣或歌。

解读："得敌"指战敌得胜，有的击鼓庆祝，击鼓累了就罢休，有的乐极生悲哭泣，有的歌唱胜利，可歌可泣。寓意同心同德战敌取胜的情景。

六四：月几望，马匹亡，无咎。

解读：在月亮将要圆的时候，马走丢了，不用担心，忠诚的马还会回来。此处用马喻诚信。

九五：有孚挛如，无咎。

解读："孚"，信，诚信。"挛如"，牵连，连接。

爻辞说，有诚信的人手挽手共创事业，无可非议。

上九：翰音登于天，贞凶。

解读："翰音"，鸡。《曲礼》："凡祭宗庙之礼，鸡曰翰音。""祭"，祭祀。

爻辞说，宗庙祭祀时，鸡叫声飞上天，真凶。言外之意为只唱高调，不做实事，言行不一，表里不一是不吉祥的。作者不敢明说是谁，暗指主持祭祀的王公、君王，虚伪于民，从反面讲"中孚"。

点评：《中孚》卦的"孚"是诚信，是为人之本。此卦从正反两方面来讲诚信。正面以祭祀作比喻，用"中孚，豚鱼吉"，心诚则灵；"得敌"是精诚团结、战敌得胜。还用动物正面作比喻讲诚信："鸣鹤在阴，其子和之"意指和谐有信；"马匹亡，无咎"意指忠诚的马走失还会返回来。反面比喻："翰音登于天"指鸡只唱高调，言行不一，没有诚信。还有一例在正反之间"虞吉，有它不燕"的警示。当代人听得较多的一句话便是"先小人后君子"，笔者不禁要问一句，为什么不能先君子后也君子呢？纯粹地做君子，不好吗？

第七章　富有了强壮了如何为人

一、富有了如何为人——《大有》卦

《大有》卦，由下乾上离构成。乾为天在下，离为火在上。即天上有火，普照大地，施惠于民。

卦辞：大有，元亨。

解读："大有"是卦名。"大有"即丰收有了财富。"大有"之后怎样与人交往，对社会作贡献，是本卦的主题。

初九：无交害，匪咎，艰则无咎。

解读："匪"，通非。

爻辞说，自己富足、大有了，与人交往不能盛气凌人、伤害人，这样做人无过错。勿忘艰苦时期与人交往时那样随和，无过错。"无交害"的另一含义是不伤害他人利益，靠自己努力获得大有。

九二：大车以载，有攸往，无咎。

解读：即使财富丰足到用大车运载，也要对人"无交害"，继续与人友好往来、往前行，就不会犯错误。

九三：公用亨于天子，小人弗克。

解读："大有"之后，应对社会公益事业作贡献，应当效忠于"天子"。因为这一点没有财富的"小人"做不到。

九四：匪其彭，无咎。

解读："彭"通"膨"，膨胀。"大有"之后，思想不要膨胀昏愚、忘乎所以。应不骄不躁，继续走正道，才能无过错。

六五：厥孚交如，威如，吉。

解读："厥"，其，他的，是代词。"孚"，信用、诚信。"交"即交往。

"威"即威望、威信。

爻辞说，"大有"之后以诚信交往为本，才能树立起威信、威望，获得吉祥。

上九：自天佑之，吉，无不利。

解读：之所以能"大有"，古人反思没做亏心事，顺从天道，获得上天保佑才获"大有"，因而吉祥吉利。

点评：本卦是说"大有"之后，怎样处世为人，对社会作贡献。对人"无交害"，富有了"大车以载"，"公用亨于天子"。"大有"之后不要得意忘形、思想膨胀（"匪其彭"）。要以诚信为本（"厥孚交如"），以天德行事（"自天佑之"），获得吉祥。

二、强壮了如何为人——《大壮》卦

《大壮》卦由下乾、上震组成。乾天震雷是天上打雷，威震四方，强壮也。

卦辞：大壮，利贞。

解读："大壮"，卦名。"大壮"，即很强壮。人或国家强壮，利于坚守正道。

初九：壮于趾，征凶，有孚。

解读："趾"，脚趾。"孚"通"俘"，俘获，获得。

爻辞说，脚趾强壮，象征身体开始强壮，有收获。若想动武，则凶险。

九二：贞吉。

解读：仅此二字，只有与《大壮》卦联系，即大壮了"贞吉"，因强壮了走正道，坚贞吉祥。

九三：小人用壮，君子用罔，贞厉。羝羊触藩，羸其角。

解读："壮"，强壮，盛气，阳刚也。"罔"通"网"，柔软，阴虚也。"羝"（dī），公羊。"藩"，篱笆。"羸"（léi）通累，累是重叠或捆，缠绕。

暗喻治国或办事，要文治武功、文武兼用。小人只知用武，君子只知用文，都厉险。小人用武就像好斗的公羊顶撞篱笆，羊角被缠住。

九四：贞吉，悔亡。藩决不羸，壮于大舆之輹。

解读："舆"，车。"輹"通"辐"，辐条指车轮。

爻辞说，强壮了应该坚贞吉祥，悔恨消亡。不用篱笆设防，有强壮的车马做后盾。

六五：丧羊于易，无悔。

解读："丧"，丢失。"易"通"场"（yì），疆界，田边。

爻辞说，主人的羊丢失在田边，如果羊迷路了，也会醒悟归来，丢不了，因主人"大壮"，他人也不敢偷羊，用不着后悔。

上六：羝羊触藩，不能退，不能遂，无攸往，艰则吉。

解读：公羊撞篱笆被卡住，既不能退也不能进，无所往，经过艰苦奋斗才脱险。暗喻强壮了，不要好斗、乱顶撞。

点评：《遁》卦倒过来便是《大壮》卦，与遁卦象征的隐退对立，宣扬强壮、强盛。强壮了要坚守正道，不可盛气凌人，不可学好斗的公羊去招惹是非。强壮了要对外开放（"藩决不羸"），要用实力做后盾，要文治武功。最终要提醒的是，强壮不是永久的，上六爻辞"艰则吉"是指强壮了要退一步思考，虽然是艰难的，却能"吉"。

第八章　人生的坎坷和困难如何度过

一、遇到坎有不同的态度——《坎》卦

《坎》卦由下坎、上坎构成。坎为水，上下都有水，是说水有浅有深，说明人生可能掉进浅水区，可以跨越；也可能陷入深水区，难以自救。

在人生的旅途中会遇到很多坎坷，而且这些坎坷各不相同，如何看待这些坎坷？如何脱险？不同的情况应当用不同的态度和方式。

卦辞：习坎，有孚维心，亨，行有尚。

解读："坎"，卦名。"坎"，即坎坷、坑、陷、险。本卦由两个坎，即下坎、上坎构成，是坎中有坎。"孚"，诚信。"维"，维系、思维、思考。"尚"，高尚、崇尚。

卦辞说，反复遇到坎坷时，要怀有战胜坎坷的信心，果敢行动，则能亨通。这种行为是高尚的。

初六：习坎，入于坎窞，凶。

解读："窞"（dàn），陷阱，深坑。

爻辞说，总是遇到坎坷，或陷入坎中的深坑，则凶险。"习"是反复练习，试图脱险。

九二：坎有险，求小得。

解读：坎中有险情，不可能立即脱险，要一步一步来，希望先得到小的改善。

六三：来之坎坎，险且枕，入于坎窞，勿用。

解读："枕"（shēn）通"深"，引申为没入水中。

爻辞说，过了一个坎坑，又遭遇一个坎坑，这个坎坑，有很深的水，有危险，"勿用"指掉进后不宜乱动。言外之意是等候救援。

六四：樽酒簋贰，用缶，纳约自牖，终无咎。

解读："樽"，酒杯子。"簋"（guǐ）是古代盛饭的器皿。"贰"即二。"缶"（fǒu），瓦罐，泥制陶器，可盛水。"纳"，接纳、送入。"约"，约定。"牖"（yǒu），窗户。

爻辞说，遇到坎坷暂时被扣押，给一杯酒，两碗饭，连同装水的瓦罐，约定好，从窗户送入。最终审理清楚会被释放。

九五：坎不盈，祇既平，无咎。

解读："盈"，满。"不盈"是不满。"祇"（zhī）通坻（chí），水中的土丘。

爻辞说，铲土丘的土来填坑，土丘铲平了，而坑却没填满。就这样吧（无咎）。言外之意，此土丘只能帮到这种程度。

上六：系用徽纆，寘于丛棘，三岁不得，凶。

解读："徽纆"，黑色绳索。"纆"（mò），黑色。"丛棘"，古代囚禁人之地。

爻辞说，此人连续遇到坎坷，上六爻是最后一爻，用黑色绳索捆绑投入荆棘丛中监禁。三年指多年没释放，凶险。

点评：《坎》卦开始的卦辞是，鼓励人生中遇到坎时，应积极应对。如果不正面应对，就会开始"习坎"（陷入坎坑），即便在"坎有险"中求得小的改善，继续下去还是"来之坎坎"（掉入坎坑）。六四爻指暂被关押，饮食"纳约自牖"，后被释放。最后上六爻指被捆绑投入"丛棘"，长时间不会出来了。留给后人思考，人生有过不去的坎吗？

二、人生在困难风险中如何作为——《困》卦

人生的道路是崎岖不平的，不会总是风平浪静、一帆风顺。当遭遇风险和困难时，才会考验一个人的意志和修养。请看下面《困》卦中多种多

样的困境。

卦辞：困，亨，贞大人吉，无咎。有言不信。

解读："困"，卦名。"困"，贫困、困境、窘迫。

卦辞说，困卦亨通，困时跟着大人物走正道，吉祥，无过错。与此相反的言论不可信。

初六：臀困于株木，入于幽谷，三岁不觌。

解读："臀"，屁股。"株木"指木制的刑具。"幽谷"，幽深的山谷，比喻监狱。"三岁"泛指多年。"觌"（dí），见。

爻辞说，用木棍打此人的屁股，投入监狱，多年不释放。

九二：困于酒食，朱绂方来，利用享祀，征凶，无咎。

解读："朱绂"（fú），古时红色的礼服，代表官职的等级。

爻辞说，贫困到没饭吃，苦读书考上了官职，刚好送来礼服，穿上礼服去祭祀，无过错。但不能表现出得意忘形、耀武扬威的凶相。

六三：困于石，拒于蒺藜，入于其宫，不见其妻，凶。

解读："蒺藜"，带刺的植物。

爻辞说，被困在乱石中，周围是带刺的蒺藜，挣脱出困境回到家，妻子都不想见他，躲出去了，凶险。

九四：来徐徐，困于金车，吝，有终。

解读："金车"，用金属装饰的车，权贵者乘坐。

爻辞说，被权贵困禁，终于慢慢地出来了，逢凶化吉。

九五：劓刖，困于赤绂，乃徐有说，利用祭祀。

解读："劓"（yì），割鼻子，古代刑法。"刖"（yuè），砍断腿脚，古代刑法。"赤绂"（fú），古时高官贵族穿的红色礼服。"说"通脱。

爻辞说，被权贵之人困禁的感受，如同遭受割鼻、砍脚的刑罚。有人协助才徐徐解脱，用祭祀来感谢上天的保佑。

上六：困于葛藟，于臲卼，曰动悔有悔，征吉。

解读： "葛藟"（lěi），葛藤。"臲卼"（niè wù），坐卧不安的样子。

爻辞说，被葛藤困扰，坐卧不安，进也不好，退也不好，进退两难。"征吉"指用对抗手段解决才能逃脱险境，获得吉祥。

点评：《困》卦设立了多种多样的困境，让读者发挥智慧去摆脱，这需要耐心和毅力，不能坐等，应主动脱险（"征吉"）。从另一个角度看，这些困境多是由于实施违法犯罪行为所引发的后果，若从善如流、坚守正道、不违法，就不会有困境了。

三、战胜困难不仅仅靠个人——《蹇》卦

《蹇》卦由下艮上坎构成，坎有险意，艮有止意，即遇险而止。还要选择找朋友的方向："利西南，不利东北"。选好方向，不仅可以独立攻克困难，还可以请友人和团体来协助。

卦辞：蹇，利西南，不利东北，利见大人，贞吉。

解读： "蹇"，卦名。"蹇"（jiǎn），原义是跛足，行路不方便，引申为前进困难、艰难。

卦辞说，开始出行时，要选好方向，西南有利，因为文王八卦西南是"坤"，是大地、平原，易行；东北不利，东北是"艮"，是山，上山难。选好了，利于大人物出现，真是吉祥。

初六：往蹇，来誉。

解读： 往前进，遇到困难，要克服困难，要战胜困难，继续前进，才能在回来时获得荣誉。

六二：王臣蹇蹇，匪躬之故。

解读："匪"，非、不。"躬"，自己、自身。"故"，事情。

爻辞说，君王与臣双双陷入重重困难中，臣挺身救助君王脱险，不顾自己安危，是对君王表忠心。

九三：往蹇，来反。

解读：前进中遇到暂时难以克服的困难，返回来反思，积蓄力量，再行动。

六四：往蹇，来连。

解读："连"，联系、联合。

爻辞说，这次战胜前进中的困难，不是单干，是搞联合，依靠集体的力量。

九五：大蹇，朋来。

解读：前进中遇到了大困难，有朋友来相助才脱险。

上六：往蹇，来硕吉，利见大人。

解读："硕"，大，丰硕。

爻辞说，战胜困难前行，获得硕果，吉祥如意，在与困难险阻作斗争中，利于出现大人物。

点评：战胜困难要分析具体情况，有的困难靠个人艰苦努力去排除，有的大困难需要依靠群众，发挥集体的力量，需要朋友相助才能克服。能克服艰难险阻，必获硕果，在与困难风险作斗争中，会涌现出大人物。

四、人生旅途艰苦——《旅》卦

旅，可以理解为旅游，到外地景点去消费。若到外地去打工、赚钱也是人生之旅。在古代，出外谋生旅途是艰苦的。

卦辞：旅，小亨，旅贞吉。

解读："旅"，卦名。"旅"，在此指在外漂泊，谋生之旅，人生之旅。

卦辞说，在外谋生，寄人篱下，事业只有小发展（小亨），要坚定正道，才能吉祥。

初六：旅琐琐，斯其所取灾。

解读："琐琐"，琐碎。

爻辞说，漂泊在外谋生，吝啬小气，计较"鸡毛蒜皮"的得失，是自讨苦吃，有灾害。

六二：旅即次，怀其资斧，得童仆，贞吉。

解读："次"，旅居之处所。"资"，钱财。"斧"，防身兵器。

爻辞说，旅途中找到了暂居之处，怀里装有钱财和防身兵器，又得到童仆的帮助，真是吉祥。

九三：旅焚其次，丧其童仆，贞厉。

解读：旅居之处被焚烧，童仆也逃跑了，真是险境。

九四：旅于处，得其资斧，我心不快。

解读：在旅居焚烧地，找到了钱财（资）和防身兵器"斧"。"斧"在此还有另一种含义，寓意因祸得福（斧）。但我心中有这场灾祸的阴影，想到它时就不愉快。

六五：射雉，一矢亡，终以誉命。

解读："雉"，野鸡。"矢"，箭。

爻辞说，一箭就射中了野鸡，"一矢亡"指丢失了一只箭，意思是因大失小值得。最终获得官方的赞誉和职务任命。

上九：鸟焚其巢，旅人先笑后号咷，丧牛于易，凶。

解读："咷"（táo），小儿啼哭不停。"号咷"，是大声哭。

前一爻指旅途之人，一箭射中了野鸡，获得奖赏和任命，是得福，笑了。上九爻是乐极生悲，福兮祸所伏[1]，因福得祸。自己像鸟似的被烧，比喻住处被烧毁，又在边界失去了牛，放声大哭，是为凶灾。

点评：《旅》卦描述了漂泊在外的谋生之旅，是人生旅途的缩影，起伏动荡不定，祸福相连，富有哲理。提醒人们出门在外，人地生疏，不仅要"怀其资斧"，还要有克服困难的各种准备。

---

① 引自《道德经》。

第九章　人生遇到诉讼和刑罚

一、诉讼过程宣扬什么——《讼》卦

人与人之间难免发生各种各样的纠纷。若无法调解，便上升到法律层面，进行诉讼。中国远在三千多年前的商周时期便有了法律诉讼。

卦辞：讼，有孚，窒，惕，中吉，终凶。利见大人，不利涉大川。

解读："讼"，卦名。"讼"，诉讼，打官司，争辩。"孚"，信，诚信。"有孚"即有诚信。"窒"即堵塞。"惕"即警惕。"有孚窒"即诚信被堵塞。

卦辞说，诉讼是诚信被堵塞，要警惕丧失理智。诉讼过程利于公正的"大人"调解、判断，若中途和解则"中吉"。若穷追不舍遇到艰难险阻，就像"涉大川"，可能会坠入深渊，最终凶。本卦九五爻，位中又正，是尊位，是仲裁者法官"大人"出现。

初六：不永所事，小有言，终吉。

解读："事"指诉讼之事。

爻辞说，不要长时间争讼不休，不宜总是争辩纠缠下去，得饶人处且饶人，不要结成冤家对头，化解是"终吉"，不去理睬说三道四的"小有言"。

九二：不克讼，归而逋，其邑人三百户，无眚。

解读："逋"（bū），逃跑，躲避。"邑"（yì），古时受君主封之地。"眚"（shěng），眼睛疾病，灾祸。

爻辞说，打官司败诉，返回穷乡僻壤，在只有三百户人家的地方隐藏起来，便无灾祸。

六三：食旧德，贞厉，终吉。或从王事，无成。

解读："食"是享用、继承。"食旧德"是享用祖先的遗产和遗德。"贞厉"是守正、防错。"终吉"是终身吉祥。"或从王事，无成"是跟随君王工作，不求有功，但求无过。"无成"是不会有成就。言外之意，此类人不会因争胜好强发生诉讼，所以六三爻没有"讼"字，不需要"讼"，与世无争。

九四：不克讼，复即命，渝安，贞吉。

解读： "渝"是改变。打官司败诉了，恢复常态，不再去争讼，顺其自然，"听天由命"吧（这是自我慰藉）。"渝安"指由诉讼改变为安稳。"贞吉"是正态，吉祥。

九五：讼，元吉。

解读： 这是九五爻。九五之尊，是正人君子，是君王之位。在此，"讼"是指主持公道的仲裁法官大人宣布"讼"的结果，伸张正义的诉讼者获胜。"正气存内，邪不可干"①，不是否定所有诉讼案件，是要伸张正义，防止邪气趁虚而入。

上九：或锡之鞶带，终朝三褫之。

解读： "锡"通赐，赏赐之意。"鞶"（pán），"鞶带"是古时用皮革做的缓带，表示身份、地位和荣誉。"褫"（chǐ），剥夺、夺去。"终朝"指从早晨到晚间，表示一日。

爻辞说，打官司胜诉了，被赏赐缓带。但是从早晨到晚间，一天多次被剥夺。言外之意，诉讼赢了，却失掉民心，令人鄙视，告诫后人不要争讼，赢了也不光彩，物极必反，将走向反面。《周易》将此爻安排在上九爻，意为不提倡争讼。

点评： 《讼》卦的基调是不倡导诉讼，倡导安定团结。从"不永所事"开始，经过了"不克讼，归而逋"的场景，令诉讼者疲于奔忙；中间出现了"食旧德"与世无争平静吉祥的生活；随后展现"不克讼，复即命"，劝说不要再诉讼了；最后上九爻举例说明争讼胜者，也未获得益处（"锡之鞶带""三褫之"）。仅在九五爻让法官大人走过场说"讼"还是存在的。综上所述，还是应该以和为贵。

---

① 引自《黄帝内经》。

二、投入监狱施以刑罚——《噬嗑》卦

经过诉讼判入监狱成为犯人，施以刑罚改造。《噬嗑》卦象由下震上离构成（☲☳），其形状如同张大的嘴，初九和上九如同上下颚，九四如同口中食物被咬合嚼碎，其余三个阴爻为口中空间，该卦是用咀嚼之义命名为"噬嗑"。

卦辞：噬嗑，亨，利用狱。

解读："噬嗑"，卦名。"噬"（shì），咬。"嗑"（hé），合也，合口、闭口。"噬嗑"，咬合，咀嚼，吃东西。

六十四卦中讲刑罚的共有两卦，《讼》卦和《噬嗑》卦。《讼》卦是讲诉讼的，《噬嗑》卦是讲审理案件轻重和治狱的。为了社会的安全与稳定，"利用狱"，对犯罪者进行审理与惩治，对社会对百姓有利，故能亨通。用"噬嗑"形容将食物咬碎下肚，让胃肠顺利消化吸收，比喻把犯人改造成有用之人。此卦彰显了"噬嗑"的重要性，而且结果是顺畅的（"亨"）。

初九：屦校灭趾，无咎。

解读："屦"（jù），同"履"，鞋。"校"（jiào），古代木制刑具。"灭"，覆盖、遮盖。

爻辞说，罪情很轻，只是戴上木制刑具把脚覆盖上，不让别人看见，仅仅限制走路，无大妨碍。

六二：噬肤灭鼻，无咎。

解读："肤"，软的肉，寓意煮烂的肥肉。"灭鼻"，把鼻子遮盖了。指按犯罪程度来审定案件轻罪或重罪，在以下爻辞中还用"噬腊肉，遇毒""噬干胏，得金矢""噬干肉，得黄金"等作比喻。

爻辞说，审案者对此案很易判断，就像一块大烂肉塞往嘴里时，把鼻子都遮盖住，在嘴里很易"噬嗑"（吞下肚里），很顺畅，罪情轻，无大灾祸。

六三：噬腊肉，遇毒，小吝，无咎。

解读： "腊肉"，干肉。审理此案较难，因干肉需用力细嚼，还夹杂发霉的毒素，对此案审理有些辛苦，案件虽然复杂些，实质罪情并不重，较轻，无大过错。

九四：噬干胏，得金矢，利艰贞，吉。

解读： "胏"（zǐ），带骨头的肉。"金矢"，金属箭头。

爻辞显示，此案情比六三爻难断。此爻是啃骨头，又故意夹杂进去金属箭头加大难度，经过努力，了解实质案情不算重，对判案人员来说还算顺利。

六五：噬干肉，得黄金，贞厉，无咎。

解读： 吃干肉，又加进去比干肉还硬的黄金，历经层层困难，分辨出罪情轻与重，无过错。

上九：何校灭耳，凶。

解读： "何"，荷，担负、扛着。"何校"，肩扛着木制刑具。

爻辞表示，此罪情毋庸置疑，须当机立断，必须戴上把耳朵都盖住的枷锁，凶险。

点评： 为了社会的安定，为了百姓生活安全有保障，需要依法打击刑事犯罪，要"利用狱"来惩罚罪犯，将罪行轻者、悔改者改造成有用之人，要审理案件判断罪行的轻重程度，决定量刑后使用何种刑具。用"噬嗑"的难易程度比喻罪行的轻重。初爻开始，罪情很轻，易判，当场"屦校灭趾"。随着难度的加大，即"噬肤灭鼻""噬腊肉，遇毒""噬干胏，得金矢""噬干肉，得黄金"，最后罪大恶极者就"何校灭耳，凶"。

第十章　养生保健和娱乐

一、颐养自力更生不靠他人——《颐》卦

"颐"指颔、下巴、面颊。吃食物时面颊动,引申为"养"。颐养之道指努力解决自己的饮食,不依靠求助他人。当然,也要注意"患从口入"。当今流传谚语:"管住你的嘴,迈开你的腿。"前半句就是注意饮食,控制饮食,例如,糖尿病、肥胖症、心脑血管病等,都和饮食有密切关联;后半句是活动,活动促进健康。

《颐》卦由下震上艮构成。震动、艮止,即下动上止,其形状如"口",取其名为"颐",口中有食物需颐动,寓意为养,引申为饮食。说的是"颐养之道",也就是"养生之道"。

卦辞:颐,贞吉。观颐,自求口实。

解读:"颐",卦名。《序》卦"物畜然后可养,故受之以颐。颐者,养也"。

卦辞说,吃饭时不要总是妄想依靠他人,要自力更生解决自己的吃饭问题,这是坚守正道,会吉祥,是养生之道。

初九:舍尔灵龟,观我朵颐,凶。

解读:"灵龟",神灵之龟,在水陆都能生活,会养生长寿。

"舍尔灵龟"是舍弃了自己的灵龟,不自谋生活,只看我吃东西面颊动(朵颐),羡慕我口中的美食,企图不劳而获,有凶险。

六二:颠颐,拂经于丘颐,征凶。

解读:"颠",颠倒。"拂",违背。"丘",丘陵,山丘。喻指自己的上级。

爻辞说,颠倒了颐养的常规,违背了经伦,把颐养寄托于上级的施舍,这样会有凶险。

六三：拂颐，贞凶，十年勿用，无攸利。

解读： 违背了颐养之道是凶兆，没有好结果。

六四：颠颐，吉。虎视眈眈，其欲逐逐，无咎。

解读： 虽然颠倒了养颐之道，但是吉利。因为不是坐等上级施舍，而是学老虎觅食，自食其力。"虎视眈眈"是盯准猎物，"其欲逐逐"是有强烈欲望要捕捉到口，无过失。

六五：拂经，居贞吉，不可涉大川。

解读： 违背常规的谋生行为，不可能有大的作为，要混饭吃，需走正道，安居则吉利。

上九：由颐，厉，吉，利涉大川。

解读： "由"，遵循。

爻辞说，遵循颐养之道，即使有风险，也将吉利，还可以"涉大川"。

点评：《颐》卦是讲颐养之道的。要自力更生（"自求口实"），不能"颠颐""拂经于丘颐"，坐享其成。若是违背颐道（"拂颐"）成性，则长期"无攸利"；若能走正道，前途会平安吉利。遵循颐道行事，即使遇到险阻，终究会吉祥，甚至能"涉大川"。

二、养生要节食节欲——《节》卦

《节》卦是节制，作为养生篇，主要讲两方面的节制。

一是节食。狂饮暴食损害健康，不利养生。胡志勇著《周易故事》中说到"节"："主要指节食，即后世'辟谷'之意。"

二是节欲。先秦时期出现过纵欲、节欲、无欲三个观点。荀子是儒学大家，主张人不可以无欲，但要适当节制。荀子认为："人生而有欲，欲而不得，则不能无求，求而无度量分界，则不能不争。争则乱，乱则穷。"儒家认为有欲要比无欲好，节欲要比纵欲好。

而《周易》《节》卦的卦爻辞，只提"节制"，并未具体说一定要节什么，毕竟能节制的内容很广泛，必然包括了节食和节欲等主要内容。

卦辞：节，亨，苦节，不可贞。

解读："节"，卦名。"节"，节制。

卦辞说，节制是养生之美德，行得通。"苦节"是过分的节制，不可取，不要坚持下去。

初九：不出户庭，无咎。

解读：为了节制不出内院，不去寻欢作乐或狂饮，无过失。

九二：不出门庭，凶。

解读：为了节制不能总闭门自居，若不出外院，不走上街道，不与社会沟通，其后果危险、孤独。

六三：不节若，则嗟若，无咎。

解读：挥霍浪费不节制，醒悟过来则叹息，知错必改无过错。

六四：安节，亨。

解读：安于节制，亨通。

九五：甘节，吉，往有尚。

解读：甘心情愿适当地节制会尝到甜头，吉祥。传往社会，会得到赏识和表扬。

上六：苦节，贞凶，悔亡。

解读：过分地节制虽然不好，但可以守正，防不良后果，无悔恨。

点评：《节》卦肯定了节制是一种美德。人和动物的区别也在于此。比如，一条狗，它看到屎就会凑上去，丝毫不会节制其内心的欲望。但节制要有度、要适当，提倡"安节""甘节"，否定"不出门庭""不节若"。不能完全否定"苦节"好的一面，它可以守正，防不良后果。

三、人生休闲娱乐——《豫》卦

人生不可能总处于紧张状态，要劳逸结合，适当地休闲娱乐，偶尔放松一下，否则健康不能持久。但不能日日夜夜沉溺于休闲，要有节制，适可而止。《豫》卦的"豫"，《新华字典》释为快乐。"豫"的谐音"娱"，豫乐，即娱乐。要适度，这是本卦的主题思想。

卦辞：豫，利建侯行师。

解读："豫"是卦名。"豫"有多重意义：安乐、安逸、欢喜、快乐；预备、计划；防备、防御。

卦辞说，在安乐时期，有利于封公侯（高级官员），还要居安思危，在骚乱时"行师"出征。"豫"卦是讲安乐与危机相依并存、互相转化的辩证观点。

初六：鸣豫，凶。

解读：得意忘形地享乐，必遭凶险。

六二：介于石，不终日，贞吉。

解读："介"，刻画之意，《新华字典》："介"，放在心里，如介意。"不终日"是不能从早到晚。

爻辞说，不能从早到晚心里总想着寻欢作乐。守正才吉祥（近代中国国民党领袖蒋介石即以此爻取名）。

六三：盱豫，悔，迟有悔。

解读："盱"（xū），《说文》："盱，张目也。"即张大眼睛。

爻辞说，"盱豫"指睁开眼就寻欢作乐，会后悔的，越迟悟，越后悔。

九四：由豫，大有得，勿疑，朋盍簪。

解读："由"，由来，缘由。"朋"，朋友。"盍"，同合，聚合。"簪"（zān）是发针，把头发束缚在一起。

爻辞说，由于给大家带来欢乐，大有收获，朋友们聚在一起共享欢乐，俗话说"有福同享，有难同当"。

六五：贞疾，恒不死。

解读："贞"，坚定。"疾"，在此指缺点、毛病。

爻辞说，六五居君位，坚守常规、走正道，即使自身有缺点，也会知错必改，这样的人打不倒，也亡不了。

上六：冥豫，成有渝，无咎。

解读："冥"，昏暗。"成"，成功。"渝"，改变。

爻辞说，醉生梦死的欢乐，要想成就大事业，必须改正，才能有成就，无过错。

点评：《豫》卦展现了欢乐与危机、正与反两方面的对立统一。处理不好，会乐极生悲。得意忘形的"鸣豫"为"凶"，睁开眼就寻欢作乐会后悔的"盱豫，悔"，有福同享的"由豫，大有得"，欢乐中走正道才能"恒不死"，"冥豫"时改正错误才能"无咎"。

第十一章　自然灾害

一、干旱需要雨——《需》卦

"需"是《需》卦的卦名，由下卦乾为天，上卦坎为水，形成卦象。卦象是天上有水，是雨，即天上有雨。

在此卦，"需"有多重含义：一是天上有雨，在干旱时期还没下雨，因此在本卦里需是求雨；二是需要的需，人类生活需要饮食，俗语"民以食为天"，食则包含粮食、兽、鱼虾等。这些"食"在干旱时期都需要雨水，但是爻辞不明说需要下雨，因为本卦是告诉我们古代人类如何解决饮食问题，在干旱时已暗示求雨，需要天降雨水。

需：有孚，光亨，贞吉，利涉大川。

初九：需于郊，利用恒，无咎。

解读：爻辞说，郊区需要有雨水，这样人们在荒郊野外便有野果野菜可以采摘来充饥，能持之以恒、自食其力，无忧。

九二：需于沙，小有言，终吉。

解读：干旱的河流已经露出沙滩，需雨水滋养鱼虾，人们捕捉到鱼虾可以充饥。"小有言"指虽有人对此有不同的意见，但终究可行。

九三：需于泥，致寇至。

解读：在干裂的土地上需要雨水将土变成泥状，用来种庄稼，也可用来砌墙防御。但要注意，丰收时防止强盗来抢。

六四：需于血，出自穴。

解读：从穴窝里出来的野兽需要饮用雨水生长，供猎人捕猎充饥，形容为"茹毛饮血"。

九五：需于酒食，贞吉。

解读：人们喝的酒是粮食做的，粮食来自种的庄稼。种庄稼需要雨水，如此才能通畅吉祥。

上六：入于穴，有不速之客三人来，敬之，终吉。

解读："三"不是数词，是形容词"许多"。上六爻辞里没有"需"字，不需要再求雨，暗示已经下雨了，许多"不速之客"来到屋里（"入于穴"），来共同庆祝"及时雨"，主人敬酒畅饮，《需》卦爻辞终了，吉祥。《周易》作者满足了群众的愿望。

点评：《需》卦告诉我们雨水的重要性，以及哪些方面需要雨水。因为没有雨水，就没有庄稼粮食、兽类、鱼虾等食物，而自古"民以食为天"。本卦通过举例说明生活中多方面需要雨水："需于郊""需于沙""需于泥""需于酒食"。最终下雨了，人们"入于穴"举杯庆祝。笔者幼年在农村，见到旱灾时，村里农民自动排成队，敲锣打鼓，抬着祭品鸡、鸭和酒游行求雨。虽然那是旧社会的迷信活动，却表现出农民强烈的求生愿望，祈求老天爷降雨。靠天吃饭，古今皆同。

二、不是雷震是地震——《震》卦

《震》卦由经卦"震"叠加构成，震为雷，这是卦象。东汉人许慎，将其解释为雷震，影响到历代众多著述，虽有道理，但也值得商榷。笔者认为此"震"应是地震。

卦辞"震惊百里"，雷震不会影响百里，地震可以。

九四爻辞"震遂泥"，若是震雷不会山崩地裂造成泥石流，地震可以。

六二爻辞"亿丧贝……七日得"，钱财宝贝因地震被倒塌的房屋埋在地下，七日可以挖掘出来复得，震雷没有这么大的能量。

上六爻辞"婚媾有言"，指地震时地裂、房倒，若其象征结婚有非议，却没听说震雷时有此非议。

六五爻辞"震往来"，是形容地震后的余震。

读者可能问，卦象是双雷，必然是巨雷、打响雷。是的，这是用来形容大地震的爆破声，因此上六爻辞"震索索"，说地震的巨大响声，把人震得打哆嗦（索索）。

卦辞说"震惊百里，不丧匕鬯"，"匕"是勺子，"鬯"（chàng）是米酒。

解读： 卦辞说，地震的响声很大，震惊百里，但主祭者已有思想准备，手持勺里的米酒没有洒落点滴。此处讲应该把发生的自然灾害，作为自己提高修养和心理素质的机会。

点评： 古今皆有地震。例如 1976 年 7 月 28 日唐山大地震，当时笔者居住的北京城里的四合院，平房后墙倒塌。2008 年 5 月 12 日汶川大地震，笔者妻子是医务人员，随团队奔赴灾区参与救护。古今地震，都会引起人们的共振，本卦是讲地震时人们的心态和表情。

三、日食比喻统治者由盛到衰——《丰》卦

难能可贵的是，古人三千多年前便在《丰》卦里记载了发生过的日食，彼时太阳被遮挡，失去光芒，借此比喻执政的纣王统治之黑暗。古时认为日食现象是不祥之兆，寓意灾难来临。笔者童年在农村，逢到日食，邻居便惊慌地嚷着"天狗吃日，灾难来了"，边说边敲铜盆，驱赶天狗。在《丰》卦里描述了日食发生、发展的过程。由日偏食发展到日全食，由日全食退到日偏食，逐渐退出。比喻纣王统治由盛到衰，最后灭亡的过程。

卦辞：丰，亨，王假之，勿忧，宜日中。

解读： "丰"，卦名。"丰"，丰富、大、扩大、盛大。"假"，到达。"日中"，中午。

卦辞说，盛大的祭祀现场，君王来当主祭，勿担心，君王宜于中午举行仪式，中午阳光充足，象征君主光明磊落。

六二：丰其蔀，日中见斗，往得疑疾，有孚发若，吉。

解读：蔀（bù），遮日光的席棚。"斗"，星斗、北斗星。"疑疾"，怀疑。"孚"，诚信。

爻辞说，太阳犹如被席棚遮挡，几乎不见阳光，中午却能见到北斗星，这是日食发生，不祥之兆，人们怀疑灾难来临。此时纣王佯装慈祥来到祭祀之地，为取信于民，安稳民心，他想使人们觉得仍吉祥。

九三：丰其沛，日中见沫，折其右肱，无咎。

解读："沛"（pèi）通旆，帐幔（沛，相对来说更厚实），遮光用。"沫"，昏暗，隐藏，引申为小星星。"肱"（gōng），胳膊。

爻辞说，太阳犹如被帐幔遮挡，中午天空更黑了，能见到闪耀的小星星，是日全食。寓意纣王政权的黑暗，把辅助他的左膀右臂都斩了，被斩者无过错。

九四：丰其蔀，日中见斗，遇其夷主，吉。

解读：天空中的黑暗程度有好转，日偏食，有了希望。纣王原有的"配主"找到了新的主人（"夷主"），吉祥如意。

六五：来章，有庆誉，吉。

解读："章"，文章，文彩，引申为光明。

爻辞说，日食已过去，黑暗势力已消失，重见光明，欢庆、赞誉获得新生，吉祥。

上六：丰其屋，蔀其家，阒其户，阒其无人，三岁不觌，凶。

解读："阒"通窥。"阒"（qù），空虚，寂静。"户"，门。"三"，泛指多。"觌"（dí），见。

爻辞说，扩大了房屋，用席子把房屋遮住，从门缝往里窥看，空无一人，较长时间不见人影，凶险。比喻商纣王灭亡。

点评：远在三千年前的商周时期，便有了上述日食的记载。《周易》

作者以日食取象，讲了统治者执政的黑暗情况。描述从日食的初食，逐渐转入黑暗，进入日全食时更黑暗，如同在黑夜能看到星斗，然后日食逐渐退出，统治者下台，群众获得光明。

本章是讲人生中遭遇的旱灾、地震、日食，是自然灾害，即天灾。下一章讲人祸，即战争。

第十二章　周易的战争思想

上一章讲的是天灾，本章讲人祸。人祸的人，是指祸国殃民者、叛军、非正义的侵略者等。要用正义的战争战胜他们。这是中国迄今可考最早的军事著作（《师》卦）。

一、中国最早的军事著作——《师》卦

中国的军事思想源远流长，《周易》中的《师》卦的卦爻辞，就是迄今人类可考的、最早的关于军事思想体系的著作，比《孙子兵法》早六七百年。《师》卦阐明的军事思想和作战原则，仍有现实意义。

卦辞：师，贞，丈人吉，无咎。

解读："师"，卦名。《说文》："二千五百人为师"，表示众多；"师"，出兵或指挥部队打仗。"丈人"，德高望重、英明长者。"贞"，正也。

卦辞说，出兵打仗，要有正义感（"贞"），要有德高望重的指挥统帅（"丈人"），就不会有过错。这"贞"与"丈人"是军事行动的两条基本原则，渗透在六个爻中。

初六：师出以律，否臧凶。

解读："臧"，善，好。军队出兵打仗，要纪律严明，否则，将被战败，下场凶。

九二：在师中，吉，无咎。王三赐命。

解读：统帅指挥军队有勇有谋，吉利，无差错。获得君王多次奖励。

六三：师或舆尸，凶。

解读：指挥官率师作战指挥失利，战争失败，用车往回运尸体，凶险。

六四：师左次，无咎。

解读："左"，古人以右为上、为主；以左为下、为辅。"次"，驻扎。指挥官令部队驻扎在有后勤辅助的地方，不是主战场，这是军情的需要，

没有过错。

六五：田有禽，利执言，无咎。长子帅师，弟子舆尸，贞凶。

解读：此爻用田间打猎比喻打敌人。田里进了禽兽（敌人）。"长子帅师"指英明的指挥员率师战斗。"利执言"指有利于擒获俘虏并加以询问，无过失。"弟子舆尸"指没经验的指挥员导致战争失败，用车往回运尸体，凶祸。

上六：大君有命，开国承家，小人勿用。

解读：战争胜利结束，君主颁布命令，以功颁奖。立大功的封为诸侯，可建诸侯国（开国）；立小功的，封卿大夫之类的官职，可以世袭"承家"；对军中败类分子小人不要用。

点评：《师》卦着重强调指挥官在战争中的重要性。要为正义而战，军队要纪律严明。战争中如果指挥不当，会造成惨痛代价。战争结束，君主要对战争中有功的人员进行颁奖，封官晋位；对战争中作战不力的人员、小人不再用，赏罚分明。

二、祥和风光引来战火纷飞——《离》卦

《离》卦由经卦下离上离构成。八卦中的离为火，在此是战火。卦象上下皆火，战火纷飞。但卦辞却描绘了一派祥和的田园风光。这是暴风雨来临的前夕，寓意要居安思危，战火即将到来，要备战抗敌。

卦辞：离，利贞，亨，畜牝牛，吉。

解读："离"，卦名。"离"是火，战火。八卦中离卦五行属火，离火是夏季；"离"又通丽，有附着、依附之意，象征君主与民众的关联。"牝"（pìn），雌性。

卦辞描述夏季民众生活祥和、亨通。饲养温顺的母牛，一派田园风光。《离》卦暂时吉祥。战火在后，居安思危。

初九：履错然，敬之，无咎。

解读： "履"（lǚ），鞋子，脚。"错"，错乱，杂乱。

爻辞说，响起嘈杂的脚步声，民众观看，是君主的军事训练，备战，民众敬之，无过错。

六二：黄离，元吉。

解读： "黄"是黄色，是皇权高贵颜色，五行中黄色居中，是中央核心，是领导、统治者。"离"即"丽"，"黄丽"指君主依附于民众，二者相互依赖生存，吉祥。

九三：日昃之离，不鼓缶而歌，则大耋之嗟，凶。

解读： "昃"（zè），太阳偏西。"鼓缶而歌"是古代举丧之礼时，人们敲打瓦罐唱着歌。"耋"（dié），老年人，"年八十曰耋"（《说文》）。"嗟"（jiē），叹息，哀叹。

爻辞说，日落西山时，传来敌人将要侵犯的消息，民众不可能"鼓缶而歌"。暗做准备时，老人哀叹老了，敌人来时要以老命相拼，凶险。

九四：突如其来如，焚如，死如，弃如。

解读： 敌人围攻进来了，烧、杀、抢、乱扔。

六五：出涕沱若，戚嗟若，吉。

解读： "涕"，眼泪，鼻涕。"沱若"，流得很多。"戚"，忧伤，悲痛。

爻辞说，君王去世，民众痛苦流涕，哀声叹气。新君王继位，吉祥（六五是君王位）。

上九：王用出征，有嘉折首，获匪其丑，无咎。

解读： 新君王带领军队征服叛军，嘉奖斩掉叛军首领之头者和俘获叛军的同党，这次出征无过失。"丑"指同类。

点评：卦辞描述了祥和的田园风光，却暗藏战火之乱，主题是提醒人们要居安思危，以备战火来临。从初爻的"履错然"（军训备战）开始，已嗅到火药味。"黄离"指代君王与民众关系很好，国以民为本，相互依存。在"日昃之离"时传来敌人要来侵犯的消息。果然敌人围攻"焚如，死如，弃如"。战火未停，君王却死了，民众悲痛，最后新君王带领军队征服叛军，战火告停。

第十三章　领导者应做的事

一、天子要落地——《泰》卦

《泰》卦由经卦下乾上坤构成。此卦象是乾为天在地下，坤为地却在天上，这似乎违背宇宙自然现象。然而，乾为天属阳，阳气上升；坤为地阴，阴气下沉。如此阳气上升与阴气下降相遇相迎相交融,阴阳和合为"泰"。泰是吉祥字，例如，国泰民安。

乾为天，古代皇帝或君王称为真龙"天"子，皇帝下达命令时总说："奉天诏曰……"《泰》卦中乾在下，也就是天子屈尊下视，天子落地居下位才能"泰"，"国泰民安"。

《泰》卦卦辞"小往大来"，可以理解为天覆盖地，天大地小。"大来"是天子为大，来到大地，"小往"是臣民为小，往天上高举安置在高位，这样交换位置称为"泰"，此举受到历代称赞。《周易》作者用心良苦巧安排。下面是《泰》卦的点评。

卦辞：泰，小往大来，吉，亨。

解读："泰"，卦名。"泰"，顺利、亨通、安宁、安泰。

卦辞说，国泰民安，小的过去，大的到来，即得到的大于失去的，利大于弊，吉利，亨通。

初九：拔茅茹，以其汇，征吉。

解读："茅"，茅草。"茹"，草根，根系相连。"以"，以及（分词）。"汇"，种类，汇集。

爻辞说，拔茅草连根都拔出来了，而且根部联结在一起，斩草除根，比喻出征吉利。

九二：包荒，用冯河，不遐遗朋亡，得尚于中行。

解读："包"，一种瓜，瓠瓜、葫芦。"荒"，荒废。"冯"（píng），涉、渡。"包荒"是掏出葫芦瓤，"瓤"（ráng），内部包着种子。用掏空的葫芦扎在身上渡河时增加浮力不下沉，即"用冯河"。"遐"，远，远离。"不遐遗朋亡"指渡河时不要远离、不要放弃濒临死亡边缘的朋友，要帮助其一起渡河，同舟共济是中庸之道。

九三：无平不陂，无往不复，艰贞，无咎。勿恤其孚，于食有福。

解读："陂"（bēi），坡、坡度、倾斜、斜坡。

没有平地就没有山坡，没有往就没有来，说明帮助别人必得回报。即俗话说的"来而不往非礼也"。帮助别人，即使再艰辛，也不会有过错。无须担心助人得不到回报，助人为乐心宽体胖有福气。

六四：翩翩不富，以其邻，不戒以孚。

解读："翩"（piān），轻飘飘的。

虽然钱财不多，不富裕，但仍愿意帮助邻居，不介意对方是否给以回报。后世佛家讲此为无相布施。的确，只要你有布施的心与布施的行，当下，你就是财神。

六五：帝乙归妹，以祉元吉。

解读："帝乙归妹"是说商纣王的父亲帝乙，把自己的小女嫁给周文王。那时周是商朝下属的一个小邦国。"帝乙归妹"的目的是和亲友好，稳定局面，即"以祉元吉"，祈求大吉利。"祉"，求、祈求。以"和婚"的方式保持"泰"的局势。这也给君王天子以启发，效仿"帝乙归妹"。影响到汉代的"昭君出塞"、唐代的"文成公主"。

"帝乙归妹"是历史上著名的故事，用作寓意，其目的是"以祉元吉"。但下一代开战了。帝乙的儿子商纣王、周文王的儿子周武王，两者开战，周灭商。对商朝来说是"泰"尽"否"来，下一卦是"否"卦。

上六：城复于隍，勿用师。自邑告命，贞吝。

解读："城"，城墙。"复"同覆，颠倒。"隍"（huáng），城墙下的壕沟，有水为池（城池即护城河）；无水称隍（城隍）。"邑"，城市、都城、县城。

爻辞说，城墙坍塌到护城壕沟里，是不祥之兆。地方向君王请命，不要出兵打仗了，以避免损失。

上六爻是《泰》卦发展到顶层的状态，物极必反。盈则亏，盛则衰，这是辩证哲理。此处讲城墙倒了，出征不利。在本卦开始前，解读卦象下乾上坤，隐含了天子和臣民的关系为"泰"，是特殊性。但在卦爻辞中并未指明，是普遍性。

点评：《泰》卦是坤上、乾下。坤阴下沉，乾阳上升，如此阴阳之气相迎相合，天地相交，亨通，这是卦辞"小往大来"。

《泰》卦呈现万物亨通、国泰民安的景象，大的象征是国家太平，小的象征是人们心胸开阔，搞好团结，助人为乐，前途泰然，这都是艰苦奋斗获得的。但要居安思危，不能麻痹大意，事物发展不会是一帆风顺的。只有排除障碍（"拔茅茹"），才能走出去。在危险困境中，不抛弃朋友，携助友人生死与共，共渡难关，即"包荒，用冯河，不遐遗朋亡"，表现了高尚的品德。在前进的道路上，"无平不陂，无往不复"，虽有坎坷，但只要艰苦奋斗就会取得成功（无咎）。有助人为乐、乐观向上的精神，虽然自己不富裕，还"不戒以孚"帮助邻居不计较个人得失。为了渲染与维持"泰"的局面，插入"帝乙归妹，以祉元吉"的故事。最终在上六爻，由于城墙年久失修倒塌了"城复于隍"。说明辩证的哲理，盛极必衰，"泰"去"否"来。

二、泰极否来——《否》卦

"泰"的反面是"否"，是把《泰》卦卦象颠倒过来，由下坤上乾构成。天在上，乾为天属阳往上升；地在下，坤为地属阴，往下沉。二者阴阳之气向相反方面进行，背道而驰，不能相遇交融，不合，称为"否"。表现为君王高高在上，臣民在底层，君王与民众不沟通为"否"，是《否》卦，卦辞"大往小来"的局面，在政治社会里表现为上下级关系不畅通。

《周易》把《泰》卦排序在前，《否》卦排序在后，提醒君王要有忧患意识，居安思危，警惕盛极必衰，"泰极否来"。

卦辞：否，否之匪人，不利君子贞，大往小来。

解读："否"（pǐ），卦名。"否"是否定，闭塞，隔离不通。"匪人"，小人，没有道德的人，坏人。

卦辞说，昏庸的君王时代，闭塞的大环境下，小人得势，不利于有道德修养的正人君子做事，国家"大往小来"，即因小失大。

初六：拔茅茹，以其汇，贞吉，亨。

解读："拔茅茹，以其汇"也是泰卦初爻的爻辞，拔出杂草观察其根连成一片，寓意小人得势结帮成群，"人以群分，物以类聚"。君子处在此境地，仍然坚持自己正确的信念，未来就会吉利、亨通。

六二：包承，小人吉，大人否，亨。

解读：昏君包容阿谀奉承的小人，小人吉，君子（大人）不利，此道理古今一样（亨）。

六三：包羞。

解读：昏君比六二爻"包承"更进一步，包容不知羞耻的人和事。

九四：有命，无咎，畴离祉。

解读："命"是父母赋予的个性；先天之命，天赋。"畴"（chóu），同类。"离"即丽，依附，附着。"祉"，福祉。

君子之命是天赋，在昏君时代，刚直、不曲，无过错。君子团结志同道合的群众，共谋人民的福祉。

九五：休否，大人吉，其亡其亡，系于苞桑。

解读："休"，止也。"苞"，草木的根茎。"桑"，桑树。"休否"是说恶人恶事得到遏止，对君子（大人）有利。九五爻多指君王之位，此指昏君。这时昏君获知反抗的声浪，悲叹难道要灭亡吗？君王的命运就像系在脆弱的"苞桑"上，形势危急。

上九：倾否，先否后喜。

解读："倾"，倾倒，昏君政权倾倒了，人民的"否"时代已过去，获得欢喜。

点评：《否》卦卦象乾在上为天，天的阳气往上升；坤在下为地，地的阴气往下沉。阴阳二气，隔离而闭塞成"否"。《否》卦是《泰》卦的覆卦、反卦，因此其意义也相反。泰是平安康泰，否是昏暗闭塞。《泰》卦是"小往大来"的利大于弊；《否》卦是"大往小来"的弊大于利。《否》卦是昏君执政"包承""包羞"，是政治黑暗"否"的时代。君子在初爻已经观察到小人得势、勾结成群，即"拔茅茹，以其汇"，在九四爻君子团结正义的人共谋福祉，终于在上九爻使昏君政权"倾否"，物极必反，留下成语"否极泰来"。

三、欢迎光临——《临》卦

"临"是站在高处往低处看，放在现在可以理解为领导下基层了解情况、检查工作、下达指示等，基层预先挂横幅写上"莅临指导……欢迎光临"。

《临》卦卦辞和六个爻辞中都有"临"字，阐述了领导者在各个阶段指导工作的内容，从中也可获知领导的修养和智慧。

卦辞：临，元亨，利贞，至于八月有凶。

解读："临"，卦名。"临"有三意：一为至，到；二为由上往下看，即居高临下；三为《说文》："临，监也。"引申为监视，治理。

作为君主，对待百姓不应居高临下，应到群众中去，了解民情，为百姓办实事，才能"元亨，利贞"。八月是雨季自然灾害多发期（凶），要注意安全。

初九：咸临，贞吉。

解读："咸"，全，都。

爻辞说，全心全意到群众中去，了解民情办实事，如此才吉祥。

九二：咸临，吉，无不利。

解读： 到群众中去，为百姓着想，这种做法吉祥无不利。

六三：甘临，无攸利，既忧之，无咎。

解读： "甘"，甘甜。到群众中去说些甜言蜜语哄骗群众，是有害无利的。既然感悟到忧伤，知错必改无遗憾。

六四：至临，无咎。

解读： 不应居高临下只听汇报，应亲自深入群众调查研究，倾听百姓的呼声，则无过失。

六五：知临，大君之宜，吉。

解读： "知"，知识，又同智、智慧。大君要用知识和智慧教化群众。"宜"，适当，适宜。这是大君适宜的做法，吉祥。

上六：敦临，吉，无咎。

解读： "敦"，敦厚。指君王要以忠厚之心管理国家，以德治国，吉祥，无过错。

点评： 作为一国之大君，要管理好国家。国以民为本，应深入群众调查研究，了解民情，做到"咸临""至临"。还要有智慧治国的"知临"，并强调以德治国的"敦临"。

四、观察的目的是治国平天下——《观》卦

在《临》卦之后出现《观》卦。"观"是观察、考察。因此赋予了观政的内涵，为临政者体察民情、考察国情进一步提供内容和注意事项。观察的目的是治国平天下。

卦辞：观，盥而不荐，有孚颙若。

解读： "观"，卦名。"观"，观察、考察、观看、观光。"盥"（guàn），洗手用的器皿。"荐"，祭祀用的祭品。"颙"（yóng），仰慕，恭敬。"若"，如、像。

卦辞说，祭祀前仅洗手，没供上祭品，但诚心诚意恭仰，亦有同样效果。

初六：童观，小人无咎，君子吝。

解读： "童"即"小人"。幼童观察事物是敷浅的，是表面现象，因为幼稚无知，没有过错。君子大人若是这样则羞耻。

六二：窥观，利女贞。

解读： "窥"，从缝隙中看，偷着看。古代男尊女卑，女子被关在家里从门缝中看外边事物，不出门惹是非，利于女子贞洁。此处指观察事物带有片面性、局限性，是贬义。

六三：观我生，进退。

解读： 回顾自己以往的经历，总结出经验与教训，制订或进或退的计划。

六四：观国之光，利用宾于王。

解读： "光"，光景、情况。"宾"，宾客、君王的宾客。
宾客到各地考察民间情况，了解实际情况，有利于向君王汇报。

九五：观我生，君子无咎。

解读： 此爻"观我生"与六三爻"观我生"意义不同，此爻九五是尊位，是君王。"观我生"是君王下到百姓平民间亲自考察民生，君王此做法无遗憾。

上九：观其生，君子无咎。

解读： 君子考察别人管辖地区的民情，以便借鉴管理经验，少走弯路，向君王汇报。君子此做法无过失。

点评：《观》卦阐述君子或君王如何观察明辨民情，不能幼稚地"童观"，不要坐井观天地"窥观"，应到民间观察"观我生"，还应到他人管辖区取经"观其生"。如此才能总结事业的成功经验并吸取失败的教训。

五、君王宽宏赦过宥罪——《解》卦

《解》卦的卦象，由下坎上震构成。坎在地为水，在天为雨。震在天上为雷。由此可知是雷雨卦象。换言之，天上的雷和雨相结合为"解"，孔子便是这样解释的，《易传·象辞》曰："雷雨作解"，紧接其下一句曰："君子以赦过宥罪①。"解读宥（yòu）为饶恕，"赦过宥罪"是赦免过错、饶恕罪恶。谁有这么大的权力？显然不是"君子"，应是君王。此处"君子"是笔误，应改为君王（扣题第十三章：领导者应做的事）。

卦象又进一步诉说，雷霆在天上，君王有威震之势，又把雨水震落大地，滋润万物，以宽阔的胸怀"赦过宥罪"，允许改过自新。这些都是卦象隐含的意义，但在卦辞中并未出现"君王"二字，《周易》作者让读者去悟。书中多处如此，具有普遍性。下面是《解》卦。

卦辞：解，利西南，无所往，其来复吉。有攸往，夙吉。

解读："解"，卦名。"解，判也，从刀判牛角"（《说文》）。"解"字分拆是用刀把牛角分开：解除，分离。解卦是阐述如何把社会险恶之事解除，用比喻来讲述。"夙"（sù），早。

《周易》多个卦中说西南吉祥，即"利西南"，解读时，众说纷纭。不妨把它说成大政方针的制定在西南方。西南后天八卦为坤、为地、为众、为民，俗话说"得民心者得天下"，利西南，就是说要多和群众接触，群众的眼睛是雪亮的，"众人拾柴火焰高"，"三个臭皮匠，顶个诸葛亮"。

---

① 《天宝历》讲"天赦者，赦过宥罪之辰也"。壬寅立冬正逢甲子，头碰头，来年不用愁。

把大政方针公示在西南方，就是以民为镜，取信于民，实事求是。

卦辞表示，除掉社会上险恶的人与事的布告，被张贴在西南方。若去看，方向是"利西南"，别的方向不要去。往西南方向走，若没做好准备，返回去也吉利，因为明日早出发，吉祥。

初六：无咎。

解读：社会险恶之事有所缓解，不要急于求成，无过错。

九二：田获三狐，得黄矢，贞吉。

解读："三"泛指多。"矢"，箭头。

在田间打猎捕杀狡猾的狐狸，得利于黄色金属做的箭头。这种做法是坚守正道，所以吉祥。狐狸喻指恶棍小人，"得黄矢"喻指正人君子。

六三：负且乘，致寇至，贞吝。

解读：肩负着贵重物品，并且乘坐在车上路过闹市，招惹贼寇来抢，应守正、防错。喻指在"解"的时期，应避免这种行动。

九四：解而拇，朋至斯孚。

解读："而"通"尔"，你。"拇"，脚趾、手指，泛指手脚。"朋"，朋友。"至"，到。"斯"，此，这里。"孚"，诚信，信任。

爻辞说，放开手脚理直气壮地去干，解除社会险恶之事，朋友才会信任你，团结在你周围。

六五：君子维有解，吉。有孚于小人。

解读：君子维护群众的利益，并排除歪风邪气，吉祥。小人也佩服君子的行动，改变了恶习。

上六：公用射隼于高墉之上，获之，无不利。

解读："隼"（sǔn），凶猛的鹰，喻指恶人。"墉"，城墙。

爻辞说，王公在城墙上用弓箭射杀空中的鹰，射中捕获了，对社会有利。

喻指,《解》卦最后一爻即上六爻,王公亲自解除社会恶人恶事。

点评:《解》卦的卦辞说在西南方张贴了布告,要解除社会上的恶人恶事,进行动员。于是君子射杀狡猾的狐狸,王公射杀凶猛的鹰,比喻解除恶人恶事的行动。喻指整顿社会的治安,要上级和下级皆行动,才能有好的效果。

六、清除奸臣——《夬》卦

"奸臣"是残害忠良或阴谋篡帝位的大臣[①]。《夬》卦由下乾、上兑构成。乾为天,兑为泽,卦象是泽在天上,泽水已漫到天上,洪水滔滔,危及臣民,危及君王。卦象中五个阳爻在下,一个阴爻奸臣在最上、最高位。此刻君王须在朝廷内部商议,如何号召臣民,处决奸臣,即《夬》卦主题。

卦辞:夬,扬于王庭,孚号有厉,告自邑,不利即戎,利有攸往。
解读:"夬",卦名。"夬"(guài),解决,果断,分开。夬卦六条爻,五条阳爻在下,一条阴爻小人在最上爻位置,要解决他。"孚",高亨先生认为在此通"俘"。"邑",城邑。"戎"(róng),兵,军队。

卦辞说,在君王朝廷上宣布抓获了俘虏,从城邑传来消息,说盘踞高位的小人暗中动乱,君王说不利于立即出兵解决,要先派人去了解情况,等有利时再前行(君王出现在卦辞中)。

初九:壮于前趾,往不胜,为咎。
解读:仅仅前趾壮大,比喻力量还很弱,出征不能胜利,会留下遗憾。

九二:惕号,莫夜有戎,勿恤。
解读:"惕",警惕。"莫"通"暮",夜晚。"恤",忧虑。

---

① 引自《现代汉语词典》。

爻辞说，君王宣布警惕的信号，夜晚小人来袭，做好准备，不必忧虑。

九三：壮于頄，有凶。君子夬夬独行，遇雨若濡，有愠，无咎。

解读："頄"（kuí），颧骨，脸面。"濡"，淋湿。"愠"（yùn），怒、恨、怨恨。

爻辞说，脸上表露出还很坚强，这是表面现象，将遇风险。君子不顾自身安危去与小人搏斗，果断独行，途中遇到雨被淋湿，虽有怨气，但无遗憾。

九四：臀无肤，其行次且，牵羊悔亡，闻言不信。

解读："臀"，屁股。"肤"，肉、皮肤。"次且"同趑（zì）趄（jǔ），行走困难。"羊"，详，吉祥（《说文》："羊，详也。"）。

爻辞说，屁股受了伤，行走困难，还牵着公羊，"羊"显示吉祥将来临，故不后悔，说三道四的传闻都不可信。

九五：苋陆夬夬，中行无咎。

解读："苋陆"，王弼先生说："苋陆，草之柔脆者也，决之至易，故曰夬夬也。夬之为义，以刚决柔，以君子除小人也。""苋（xiàn）陆"是一种草。

像除掉柔脆的"苋陆"一样，果断地解决掉小人，这是中庸之道，无过错。

上六：无号，终有凶。

解读：六爻中最上一爻是阴爻小人，"无号"是小人没有声音了，除掉解决（夬）了，这是凶恶小人的最终结局。

点评：《夬》卦是要解决当权的上层出现叛徒小人的问题。小人代表黑暗恶势力，还很强，夜间还来骚扰，君子冒险前去解决，遇到重重险情未遂。但最终善战胜恶，像铲除"苋陆"草一样，处决了小人（君王安心了）。

七、治理涣散凝聚人心——《涣》卦

《涣》卦的"涣"是涣散、离散。人心涣散，就像一堆沙子，大风吹来一片扬沙，不能团结。搞小帮派也是脱离群众、涣散，这些都需要治理。首先是君王要以身作则，改正自身的缺点、错误，清除王宫中的涣散，清除小人、恶人及其帮伙。要提高领导者和群众的觉悟，搞联合、团结，清除涣散。下面是《涣》卦的解读。

卦辞：涣，亨，王假有庙，利涉大川，利贞。
解读："涣"，卦名。"涣"，涣散、流散、离散。《说文》："涣，水流散也。"

卦辞说，人心涣散也可设法亨通。君王来到祖庙祭祀，凝聚涣散的人心，共同祈福国泰民安，利于渡险情渡难关，也利于坚守正确的道路。

初六：用拯马壮，吉。
解读："拯"，拯救。"马壮"是像马一样奔跑快速且有力。

君王拯救国家，要花费大力量，还要快，就像马奔跑得快而有力，这样吉祥。

九二：涣奔其机，悔亡。
解读："机"是机要，关键。

要治涣就要找出问题的关键，解决了关键问题，便无悔恨。

六三：涣其躬，无悔。
解读："躬"，身体。

要治涣就要从自身寻找污点并改正，以身作则，除私欲，立公心，这样才有凝聚力，无悔恨。

六四：涣其群，元吉。涣有丘，匪夷所思。

解读："群"，小帮派。"丘"，山陵、山丘。"匪"通非，不。"夷"指平常人。要治涣，解散了帮派私党，开始吉利。"涣有丘"是把所有涣散的人集聚在一起，另立正派山头，扩大团结，这种执政方针政策，不是一般人所能想到的（言外之意是君王的指令）。

九五：涣汗其大号，涣王居，无咎。

解读："汗"，汗水、出汗，在此用意是使出全身的劲，奋力。"大号"，大力号召。"王"，王室。

本爻是九五之尊位，君王颁布法令，奋力号召民众团结奋斗，并把王室涣散者赶出去、迁居。

上九：涣其血，去逖出，无咎。

解读："逖"指远离。

涣卦已到上九，为治涣不惜流血，把君国上下来个大扫除，把影响人心涣散的污泥浊水，抛得远远的，吸取经验教训，君国有了凝聚力，无后患。

点评：《涣》卦是讲君王整治人心涣散、社会处于瓦解状态所采取的措施和行动。虽然每爻都未指明主角是君王，但读者也能看出每爻都是君王的作为。开始君王在祭祀"王假有庙"，然后依次是"用拯马壮""涣奔其机""涣其躬""涣汗其大号"，最后"涣其血"，表现出英明君王大得人心。

第十四章　反腐败深得民心

一、日落地下是黑暗——《明夷》卦

《明夷》卦的"夷"是"灭","明夷"是没有光明。卦象由下离上坤构成。坤为地,离为火、为日,是日落入地下,没有光明,是比喻黑暗,贤臣、君子该怎么办?有多种操作。下面是《明夷》卦。

卦辞:明夷,利艰贞。

解读: "明夷",卦名。"明"是光明。"夷",灭,平息(夷为平地)。

卦辞说,"明夷"是日落地下,黑暗时期,昏君执政。"利艰贞"是利于君子艰苦奋斗,君子坚守正道,其经过见以下爻辞。

初九:明夷于飞,垂其翼。君子于行,三日不食。有攸往,主人有言。

解读: "翼",翅膀。"三"泛指多。

爻辞说,就像在黑暗中飞鸟很累,翅膀下垂。君子行走,逃离君王,多日没进食,就像那飞鸟般劳累。君子继续前往,主人君王有言(暗喻抓来问罪)。

六二:明夷,夷于左股,用拯马壮,吉。

解读: "左股",左腿。"夷"通"痍",损伤。"拯",拯救。

爻辞表示,君子在黑暗中行走时左腿受伤,要用强壮的马带他赶路,拯救他,吉。现如今马已经不是常用的交通工具,与时偕行,可以理解为交通工具。用快捷方便的交通工具代步,救死扶伤,吉。

九三:明夷,于南狩,得其大首,不可疾贞。

解读: "南狩",南方打猎。

君子逃到了南方荒凉的打猎地区,当地草民尊敬他为首领。虽有条件聚众灭敌,但君子拯救国势的愿望,不可操之过急。

六四：入于左腹，获明夷之心，于出门庭。

解读：君子的伤情加重，由左腿入于左腹部，暗喻昏君的朝廷更加"明夷"。要想获知"明夷"的核心内情，应走出门庭探听消息。

六五：箕子之明夷，利贞。

解读："箕子"是商纣王的叔父，著名哲学家、政治家，辅佐商纣王执政。后因商纣王奢华享乐、荒淫残暴，箕子向商纣王进谏，纣王执意不听，箕子又不愿意离开祖地，无奈便装疯卖傻免遭杀害，故"利贞"。爻辞将此例子展示给"入于左腹"的君子。

上六：不明晦。初登于天，后入于地。

解读："晦"，昏暗不明。

到了最后爻，这昏君仍不明白自己的昏暗。开始时是登上天子宝座如日中天，由于作恶多端，最后一败涂地，垮台了，被臣民推翻。传说这是商纣王的写照。

点评：在昏君执政的黑暗时期，被迫害的君子心怀正道逃跑。虽然君子遭遇"夷于左股"又"入于左腹"的伤害，但最终昏君垮台了。"明夷"已过去，重见日出光明。这是说当昏君黑暗执政时，君子不可悲观失望，勿丧失信心，要坚信黑暗是不会长久的，迟早太阳会升起。

二、清除腐败——《蛊》卦

《蛊》卦的"蛊"（gǔ）由两个字"虫"和"皿"组成，是器"皿"里生"虫"子，腐败之意。《周易》中许多卦都是用比喻进行阐述的，本卦也如此。

本卦讲了两种腐败：一类是政治、经济方面的腐败，用父亲作比喻，是"干父之蛊"；另一类是生活方面的腐败，用母亲作比喻，是"干母之蛊"。前者为重点，影响严重。后者虽然较轻，但严重时影响到前者。本卦中的反腐主要操作者"有子"，即指儿子，代表新生力量，是早晨八九点钟的太阳。操作者要有原则、有分寸。下面解读《蛊》卦。

卦辞： *蛊，元亨，利涉大川，先甲三日，后甲三日。*

解读： "蛊"，卦名。"蛊"是象形字，是器皿里食物腐烂生"虫"，喻指腐败、弊端、过失。"甲"是古代用来记时的十个天干之一，"甲三日"表示多日。

卦辞说，治理弊端要整治得当，开始时就认真才能顺利。如同要渡过险滩大川，先要多日调查弊端的实际情况，采取措施，行动以后，再用多日总结经验教训。

初六： *干父之蛊，有子，考无咎，厉，终吉。*

解读： "干"，行动、干预、干掉，引申为清除。

儿子承担清除父辈的错误弊端的责任。"考"，古代称为父亲，"妣"，古代称为母亲，例如，父母亲已去世，称为"先考、先妣"。"考无咎"是不要过多地追究父辈的过错，虽然这样做不妥（厉），但最终家业会吉祥的。

九二： *干母之蛊，不可贞。*

解读： 古代男尊女卑。父亲主家业、主外，影响面大；母亲主家务、主内，承担次要任务。整顿母辈的家务弊端过失，就不必太认真严肃了。"不可贞"另一含义是家丑不可外扬。

九三： *干父之蛊，小有悔，无大咎。*

解读： 整治父辈的弊端有些过分，想起稍有后悔，但没有原则性大错误。

六四： *裕父之蛊，往见吝。*

解读： "裕"，宽容。整治父辈的弊端错误很宽容，若不彻底，往前进还会犯同样的错误。

六五： *干父之蛊，用誉。*

解读： 父辈的事业有功有过，整顿的是父辈的弊端过失，还应保留功绩，维护父辈的荣誉。

上九：不事王侯，高尚其事。

解读：前五爻都有"蛊"，有主角即"有子"。最后一爻上九要突出，不提"蛊"，也无主角。按《周易》六十四卦第六爻惯用"物极必反"，也就是整治弊端过失的主角有功，被王侯发现并召见，主角说"不事王侯"，不去，不为五斗米折腰。以高尚的气质隐退了。

点评：本卦以父亲腐败"干父之蛊"比喻政治、经济方面的腐败。六个爻里有三个"干父之蛊"，说明问题的严重性。以母亲腐败"干母之蛊"比喻生活方面的腐败，其中指后宫里的腐败，如豢养男宠等淫乱行为。例如，后来的赵姬以及武则天等便如此。蛊卦是整治弊端错误。整治弊端过失要掌握原则，要有分寸，不能过分，也不要不彻底而"裕父之蛊"，要肯定以往的成绩（"用誉"）。干蛊的目的是改邪归正、治病救人。"蛊"卦以父辈的事业作为比喻，可以扩大为社会团体。

三、把昏君剥掉——《剥》卦

《剥》卦由下坤、上艮构成。坤为地，艮为山，比喻昏君执政时在地上立的山头权威。但此山因风雨侵蚀（腐化）逐渐剥落在地，昏君和政权垮台。卦中用一张木床比喻该山，木床受潮由下往上逐层腐烂而倒塌。

因为本卦六个爻，从下往上连续五个爻为阴爻小人，只有上面一个爻是阳爻是君子，是阴盛阳衰，小人强势，君子弱势，本卦就是讲这两股势力。最终"君子得舆"，解读为君子获得舆论的支持，群起推倒了这座山，床塌落地。下面解读《剥》卦。

卦辞：剥，不利有攸往。

解读："剥"，卦名。"剥"，剥落、剥蚀、剥灭。

卦象是下坤上艮，六个爻有五个爻为阴，阴盛阳衰，小人得势挡道，"不利有攸往"。小人能得势，必然是昏君执政，小人阳奉阴违，不务正业，逐步剥蚀政权，使君王垮台（用剥床作比喻）。

初六：剥床以足，蔑贞凶。

解读："蔑"（miè），轻视、不重视。

剥蚀床足，若轻视，将有凶险。用《坤》卦"履霜，坚冰至"，在此是提醒，如果问题或者小人刚出现时不及时处理，后来就会越来越严重，以致"坚冰至"，这样一个道理。

六二：剥床以辨，蔑贞凶。

解读：高亨先生说，辨是床的框架。

剥蚀到床的框架，床快塌陷了，还不重视，凶祸临头。

六三：剥之，无咎。

解读：继续剥，还认为无咎。

六四：剥床以肤，凶。

解读："肤"本意是指皮肤，又指与人皮肤接触的床面，在此指剥蚀到床面，床倒塌了，君王不能在床上寻欢作乐了，凶祸。

杨志沐先生解释六二爻"剥床以辨"说，"辨"为"辬"的异体字，指毛发。六二爻已剥蚀到君王的毛发，还不以为然。六四爻的"肤"若指皮肤，君王皮肤被剥，毛发连根拔掉，寓意君王体无完肤、完蛋了，不仅仅是寻欢作乐的床被剥蚀垮台，故凶恶。

六五：贯鱼以宫人宠，无不利。

解读："贯"，穿、串也。"宫人"，嫔妃。

爻辞说，与往常一样，嫔妃以受宠的身份，一连串、有次序地等待进入君王寝室供君王寻欢作乐，宫人与往常一样感觉无所不利，并不知床倒塌了，君王体无完肤地垮台了。《剥》卦的卦象由初爻到六五爻都是阴爻，都是小人得势，直到六五爻，君王被剥落垮台。

上九：硕果不食；君子得舆，小人剥庐。

解读： "庐"（lú），茅舍。"舆"，舆论。"硕果不食"是指大好河山君王没掌控好，垮台了。《剥》卦最末一爻即上九爻是阳爻、君子，君子英雄豪杰，和群众剥掉腐败，得到百姓舆论的支持，为人民造福，惩罚小人，连茅舍也不给小人居住。

点评：《剥》卦六爻，前五爻皆阴。用比喻的方法形容小人得势，昏君寻欢作乐，荒淫无耻，只过床上生活。对社会状况则用床作比喻。初爻"剥床以足"，从基础的脚先腐蚀，君王轻视。六二爻"剥床以辨"，由床脚往上腐蚀到床的框架，还不重视。六三爻继续腐蚀（"剥之"）。六四爻"剥床以肤"即剥蚀到床面，无法床上作乐，床倒塌了。又暗喻剥蚀到君王的皮肤，以致体无完肤，要垮台完蛋了，由量变到质变。但是宫女还不知道，以至于六五爻"贯鱼以宫人宠"。上九爻"硕果不食"，即君王大好河山丢失。《剥》卦顶层上九是阳爻是君子，象征君子（英雄豪杰）带领百姓剥去腐败，得到群众舆论的拥护，为人民造福，同时惩罚小人，连茅舍也不给小人居住。

四、改革是吐故纳新——《革》卦

在历史的长河里，当君王的统治黑暗腐败到天怒人怨时，就要改革，目的是建立民众欢迎的新局面。以上三个卦都是昏君执政，腐败盛行。本卦《革》卦是要改革。原因是现有昏君太腐败了，走下坡路已到谷底，必须改革走正道，这是百姓的意愿，行得通，"革，元亨利贞"。要选好日子"巳日"，要团结民众"巩用黄牛之革"。下面解读《革》卦。

卦辞：革，巳日乃孚，元亨，利贞，悔亡。

解读： "革"，卦名。"革"，改革、变革。"巳"（sì），古时用天干地支记年月日时，巳是十二地支之一。

变革在巳日进行，获得民众信任、拥护，非常顺利，坚守正确路线，不会后悔。

初九：巩用黄牛之革。

解读： 变革需要团结，要听从指挥统一行动，不应轻举妄动。这很重要，就像用黄牛皮捆绑在一起那样巩固团结。

六二：已日乃革之，征吉，无咎。

解读： 决定的已日已到，变革开始出征，吉利，不会有过错。

九三：征凶，贞厉，革言三就，有孚。

解读： 变革若没做好充分的准备，急于出征是危险的，变革的言论和原因应再三讨论，民众意见统一了，获得民众信任才能出征执行。

九四：悔亡，有孚改命，吉。

解读： 不后悔，获得了民众的信任，变革已成熟，此时变革吉祥。

九五：大人虎变，未占有孚。

解读： 九五是大人，像猛虎一样发动变革，要革除黑暗面，使国富民强，才能得到民众的支持，不用占问，结果就是卦辞所说的"元亨利贞"。

上六：君子豹变，小人革面。征凶，居贞吉。

解读： 君子像豹一样，动作敏捷，转变到变革这一边，民众也洗心革面，拥护变革。但变革刚胜利，若再出征则凶，若安居休整则吉祥。

点评：《革》卦是讲变革不能急躁冒险，需要酝酿，发动群众再三讨论，时机成熟再出征，即"已日乃革之，征吉"。九五是改革最高统帅，民众响应，方能获胜。改革成功后，要稳定民心，尽力恢复生产生活，休养生息（"居贞吉"），让民众过上新生活。

五、新形势是创新——《鼎》卦

《说文解字》说，鼎是"三足两耳和五味之宝器也，昔（夏）禹收九牧之金铸鼎"。《古代汉语词典》说："鼎是古时的一种烹饪器,又为礼器。多以青铜铸成。三足或四足两耳。相传夏禹收九州之金铸成九鼎。"

鼎既可作为日常用具用火烹饪食物,又可作为祭祀的礼器。后演变为立国、传国之重器,鼎新也。鼎象征权力,象征天下太平和稳定,1949年北平和平解放后,在安定门安置了一座三足两耳铸铜巨鼎,至今仍在。

排序《革》卦在先,是讲如何进行改革;《鼎》卦在后,是讲民众在新的环境里生活,用鼎作标志。革与鼎是革旧鼎新。下面解读《鼎》卦。

卦辞:鼎,元吉,亨。

解读:"鼎",卦名。"鼎",古时煮食物的器皿,引申为革旧鼎新。卦辞说,《鼎》卦大吉又亨通。

初六:鼎颠趾,利出否。得妾以其子,无咎。

解读:"颠",颠倒。"趾",脚趾,在此指鼎趾。

鼎倒过来了,底朝天,有利于把鼎中过期的食物清理出去,再装入新食品。就像原配妻子不能生育被淘汰,娶妾生子,革旧鼎新,没什么不对的。

九二:鼎有实,我仇有疾,不我能即,吉。

解读:鼎中装有食品果实,我的仇人有疾病,不能来抢占,若不是我用,还有谁来用呢?我吉祥如意。这是警示不要独吞果实。

九三:鼎耳革,其行塞,雉膏不食,方雨亏悔,终吉。

解读:在郊外的鼎里,煮着肥美的野鸡,还没抬回家里吃。因为鼎被煮得很热,没法抬,不能移动,就像没有鼎耳,无法插入横杠抬走。幸亏这时恰巧降雨,搭上盖子淋湿鼎身,不热了,立即抬回去,无怨恨,最终吉利。寓意天无绝人之路,天降雨,天助也,民众是君国的天。

九四:鼎折足,覆公餗,其行渥,凶。

解读:"覆",倾倒。"餗"(sù),鼎中的食物。"渥"(wò),潮湿。"公",王公。

鼎歪倒了，为王公做的美食撒满全身，外形污浊，凶相。言外之意，基础（足）不牢，用人不当，必然坏事。

六五：鼎黄耳金铉，利贞。

解读： "铉"是穿入鼎耳环的横杠，搬运鼎的工具。

六五是君王、天子位。把鼎耳和铉都装饰成黄色，这在古代是皇亲贵族的颜色，准备祭祀用，利于守正，此乃吉祥。出现了"黄"色是说六五爻的高官是君王，新首领上任。

上九：鼎玉铉，大吉，无不利。

解读： 玉是古时贵重物品，皇族许多用品是用玉做的。上九把鼎铉也嵌上玉，大吉大利，没有什么不利的，这一切都是新环境。

点评：《鼎》卦与革卦是关联的。《革》卦排在先，《鼎》卦排在后，可以说《革》卦是因，《鼎》卦是果。《革》卦是革旧，讲的是革除黑暗。《鼎》卦是鼎新，讲的是如何建立新环境，吐故纳新。开始就倾倒除掉鼎中的旧食物，要添加新的，如同娶妾生子。九二爻说君王不能独吞果实（应给平民），国以民为本，民以食为天。九三爻天降雨，淋湿热鼎降温，方能抬走鼎，此天是指民众。九四爻"鼎折足"，足是基础。建立新环境要做好基础建设，基础不牢，局面不稳固，民不聊生没饭吃。有了积累和财力，方可"鼎黄耳金铉""鼎玉铉"显示豪华。

本卦旨在"新"，例如，鼎新、吐故纳新、娶妾生子等，寓意"新"环境已展现，深得民心。

第十五章 末二卦生死轮回周易后门

　　笔者曾阐述乾坤首二卦，乾为天，属阳，是一扇阳门，坤为地，属阴，是一扇阴门，这乾坤阴阳两扇门是周易的前门。进入前门，一直走到末二卦——既济和未济。既济以小狐狸比喻人过河到达彼岸，即人生终点归宿。但还要进入《未济》卦，未济是尚未过河，还要在《未济》卦里过河、过阴间河。既济是一扇阳门，未济是一扇阴门，这既济、未济阴阳两扇门是周易后门。进出入周易前后门就是本书《周易与人生》。

　　充满智慧的《周易》是哲学书。《现代汉语词典》对"哲学"解释为"哲学的根本问题是思维和存在、精神和物质的关系问题……"末二卦由此可以解读，既济是人在物质世界终了归宿，转入未济，另一个世界，即精神世界去渡河。前者是阳间，后者是阴间，是一个铜币的正反两面。

　　《周易》六十四卦的每一卦都很重要，尤其是首末各二卦，更为重要。而且首末各二卦是前呼后应、关联密切的。国学大师南怀瑾说："六十四卦中，求其内在交互作用，便只有乾、坤、既济、未济四卦。"大师又说："宇宙万事万物如何变化，它的吉凶观念价值的构成，唯有末二卦，既济、未济两个对峙的现象而已。"这提出了《既济》卦、《未济》卦的吉凶价值观。吉凶即善恶，善恶内含因果报应，这体现道德观、人生观。为何又与乾坤首二卦相关联呢？

　　《乾》卦说："天行健，君子以自强不息。"自强不息地工作，是为家庭为社会创造财富，这是积德。《坤》卦说："地势坤，君子以厚德载物。"积德才能厚德，厚德才能载物。若从这个角度解读乾坤首二卦，是对道德观、人生观的阐述，这是《周易》的初心。在《周易》结尾的末二卦，既济与未济，是对"不忘初心，牢记使命"的提醒。

　　《周易》作者在编写末二卦时，故意不写生死二字，更不直言生死轮回，却巧妙地暗藏这个主题和内容，让读者去"悟"。因此必须从深层次挖掘隐含的生死轮回、善恶报应、因果律，折射出道德观、人生观。以下从多角度来剖析。

　　（一）第六十三卦是《既济》卦，既济是卦名。既是已经，济是过河。用小狐狸比喻人已经渡过人生长河，把"首""尾"都弄湿了，到达彼岸，终点归宿，了结一生，离开人世间（阳间）。从《乾》卦六爻皆阳爻，演变到《既济》卦六爻完美到位，阳爻在阳位（一、三、五位），阴爻在阴

位（二、四、六位），六十四卦唯此卦如此，人生已到达终点。《周易》
应到此结束，然而还有《未济》卦，"山重水复疑无路，柳暗花明又一村"[①]。
未济是还没过河，还要在另一个世界（阴间）去过河。

（二）第六十四卦是末卦《未济》卦。前一卦是《既济》卦，已经渡
过河到达彼岸、今生终点。最末一卦安排《未济》卦，仍要过河，又"活"了，
死而复活，是从古至今的格言："善有善报，恶有恶报，不是不报，时候未到。"
这"未"到就是"未"济。到了《未济》卦就得到了报应。这卦名体现了
善恶报应因果律。

（三）下面展示末二卦（并列对比）：

既济卦 ䷾ 坎上 离下	未济卦 ䷿ 离上 坎下
卦辞：既济，亨，小利贞，初吉终乱。	卦辞：未济，亨，小孤汔济，濡其尾……
初九：曳其轮，濡其尾，无咎。	初六：濡其尾，吝。
六二：妇丧其髴，勿逐，七日得。	九二：曳其轮，贞吉。
九三：高宗伐鬼方，三年……	六三：未济，征凶，利涉大川。
六四：繻有衣袽，终日戒。	九四：震用伐鬼方，三年……
九五：东邻杀牛，不如西邻之禴祭……	六五：贞吉，无悔，君子之光……
上六：濡其首，厉。	上九：有孚于饮酒，无咎。濡其首……

上述末二卦，文字故意不说生死，却提出了生死轮回的框架，在框架
内填文字，东一句，西一句，为了拼凑此二卦互相对应对比，因而逻辑性欠佳。
例如，《既济》卦六爻内容顺序直译是：拉着车轮，把尾巴弄湿了；妇人
丢失了头饰，不用追找，七日会得到；"高宗伐鬼方"三年攻克；好的衣
物也会退色变质，要保存好；东郊杀牛盛大祭祀，不如西郊心诚简朴祭祀；
把头弄湿了，不吉利。这六个爻辞连贯一起很难表达完整的意义。《未济》
卦的文字表达也类似。这末二卦的文字没有"生死"二字，更没直言生死轮回。
但是，在爻位巧妙的安排上却隐含这些内容。由上述框架内排列的两个卦，
从上往下读，请看《既济》卦第一爻初九，一是奇数即阳数，因而爻位是
阳位，爻辞"曳其轮"；而《未济》卦第二爻九二，二是偶数即阴数，因

---

① 引自陆游《游山西村》。

而爻位是阴位，爻辞"曳其轮"。二卦相差一个爻位，《既济》卦先说为上、是初爻，爻位是阳；《未济》卦随后说为下，爻位是阴。再看《既济》卦第三爻九三是阳位"伐鬼方三年"，而《未济》卦第四爻九四是阴位"伐鬼方三年"。又差一个爻位，《既济》卦先说为上、爻位阳；《未济》卦随后说为下、爻位阴。

上述末二卦同样爻辞，既济在阳位，未济在阴位；而且二者差一个爻位，既济在上，未济在下。二者差的一个爻位，这个"一"是地平线，既济在地上，未济在地下。地上为生（阳），地下为死（阴）。《周易》作者用心良苦，如下图所示：

$$\text{地平线} \underline{\quad\quad} \frac{\text{生（既济）}}{\text{死（未济）}}$$

再看生死轮回的爻辞也在爻位上展示。《既济》卦终了是第六爻上六为"濡其首"，而《未济》卦开始的第一爻初六为"濡其尾"。显然"首""尾"相连，由既济在地上的"生"，最终转入未济在地下的"死"，由"生"转入"死"。再看未济最后爻上九为"濡其首"，而既济的第一爻初九为"濡其尾"。这又是"首""尾"相连，是反向的"首""尾"相连，是由"死"转入"生"，是"生死轮回"，即"生生不息"。末二卦二者不可分离，如同一枚硬币有两面，一个阳面，一个阴面。又如互相咬合的两个齿轮，生生死死循环转动，犹如生死轮回，点亮《周易》。末二卦开始第一爻辞都有"濡其尾"，最末第六爻辞都有"濡其首"，这又隐含生死一样，合二为一。末二卦不挑明，也不直言生与死，由上述展示"此时无声胜有声"，悟者应听到。这些折射出《周易》作者的智慧，需要深层次解读。

"生生不息"，从哲学角度可解读上述末二卦阐述的死而复生有来世的观点。这是所有宗教信仰的共同点，虽然各宗教的具体内容不同。《周易》并未宣扬宗教，而末二卦，却与宗教有着千丝万缕的联系。有一条标语："人民有信仰，民族有希望，国家有力量。"《中华人民共和国宪法》第三十六条规定："中华人民共和国公民有宗教信仰自由。"也就是允许公民有信仰（神）的自由。宪法又规定："国家保护正常的宗教活动。"笔者为研究宗教收集了大量的资料，这些合法的宗教共同点都是相信有今生、来世，有善恶因果关系。其中天主教的组织结构系统以及教义教规较严谨，该教中途分裂出东正教和基督教，都相信行善者死后升天堂，作恶者死后下地狱。佛教相信转世与轮回。

例如，藏传佛教领袖去世的那个时刻，恰好有诞生的婴儿便是继承者。道教相信天道有循环、善恶有承负……

由上述可知，各种宗教和死亡文化都能交融在末二卦。

末二卦的生死轮回因果律，是呼唤人类道德观。善或恶，不是不报，时候"未"到，到了"未"济卦，便知因果，为人要有敬畏感。一个良好的社会必须要有道德来支撑，既要以法治国，又要以德治国。法律约束人的行为，道德约束人的心，心动才去行动。末二卦规劝人修身养性、行善积德走正道，立德树人（若腐化堕落便祸国殃民），具有现实意义。这是《周易》的人生观、道德价值观。

附：科学家霍金的生与死，连接两位科学家。霍金于 2018 年 3 月 14 日逝世，该日恰是科学家爱因斯坦的诞生日（3 月 14 日）。霍金诞生于 1942 年 1 月 8 日，正是科学家伽利略逝世日（1 月 8 日）。更巧合的是霍金逝世的 3 月 14 日是数学圆周率 π"3.14"（该日是世界"国际圆周率日"）。圆周体现循环论，若以《周易》论是"生生不息"，因而上述《周易》末二卦首尾相连、生死轮回。年代可以跨时空，是大范围的、宏观的；月日是微观的，是小范围的，有局限性，节假日都以月日而立。因此上述三位科学家生死轮回是以月日计。伽氏去世之日，是霍氏生日，生死轮回；霍氏去世日，是爱氏诞生日。但爱氏已故，他只是作为一个牌位，是代名词，以后必然会有该月日诞生第二位爱因斯坦。该月日是循环的圆周率，也是由于末二卦的规律性，但愿没有个例。以上三位科学家都是研究宇宙天体物理的。以下介绍这三位科学家的生卒年代和科学研究成就。

霍金（1942 年 1 月 8 日—2018 年 3 月 14 日），天文物理学家、宇宙学家。提出"霍金辐射"等。

爱因斯坦（1879 年 3 月 14 日—1955 年 4 月 18），物理学家。提出"相对论"等。

伽利略（1564 年 2 月 15 日—1642 年 1 月 8 日），数学家、天文学家、物理学家。使用望远镜进行天文观察，提倡日心学说等。

（四）若把既济、未济合成为一个卦对待，"既"是过往在今生的终结，又是新过程即来世的开始。因此既济、未济密不可分。还可从卦辞上看其相同部分。既济的初爻和上爻有"濡尾、濡首"，未济也有。"伐鬼方三年"和"曳其轮"，二卦皆有。二卦都用经卦坎、离组成，重点在"离"。既济的离在下，是初九爻至九三爻，这三个爻可解读为怎样谨慎求"济"；上卦是坎，是六四爻至上六爻，这三个爻逐渐走向未济，表明"物不可穷"。未济是离上坎下，是说既济的终了就是未济的开始，既济之时已经包含未济。未济卦的内三爻讲未济之事，初六爻有"濡尾之吝"，九二爻说"曳轮之贞"，六三爻"戒以征凶不当"；外三爻进入"离"，离为明，情况逐渐好转，九四爻"伐鬼方有赏"，《未济》卦，即将变为"济"；六五爻"君子之光贞吉"，吉而又吉；上九爻"有孚于饮酒无咎"，饮酒自乐无咎了，然而不可沉湎于酒而不知节，于是又埋下了危险契机。从六十四卦的全过程看，既济是这个长过程的终结，然而"物不可终穷"，在过程终结的同时，新过程又开始了。把既济、未济两个卦作为一个独立的整体考察，不难发现，它们正反映了《易经》变易的终始之义。这个终始之义，不能归结为循环论。[①]（摘录于金景芳《周易全解》）。

在本书第一篇七节（二）说，把一个卦爻阳变阴、阴变阳，组成一个新卦，这一卦就是旁通卦。例如，《乾》卦六爻皆为阳，全变为阴爻便是六爻皆阴的《坤》卦，这首二卦互为旁通卦。又如末二卦《既济》卦和《未济》卦，也是互为旁通卦。可以理解"旁通"是二者"你中有我，我中有你"，隐含在相关论述中。

（五）从末二卦的互卦里，也可解读出《既济》卦与《未济》卦的密切关联性。《周易》六十四卦的每一卦，都是由两个三爻的经卦叠加成六爻的重卦（别卦）。这六个爻中的二、三、四、五爻，又可分别互卦，成为一个重卦；其中二、三、四爻为重卦的下卦，三、四、五爻为重卦的上卦。例如，《泰》卦，中间四个爻互卦为《归妹》卦。《既济》卦的中间四个爻互卦为《未济》卦，而《未济》卦的中间四个爻互卦为《既济》卦。这

---

① 笔者认为应该归结为循环论。

也说明末二卦"你中有我，我中有你"，今生、来世互相关联，都"活"着，生活在阴阳两个世界。古民俗把日用品入墓，让逝者继续在地下阴间使用，如下所言。

（六）《未济》卦上九爻辞"有孚于饮酒……"，在人入土地下时，把该人生前的日用品包括酒和最贵重物品放在墓里，供其在阴间继续使用，这是古代的民俗文化。虽然现代人已废除这些民俗，但是还应感谢这些民俗，使现代人还能看见兵马俑、马王堆、清东陵的乾隆和慈禧太后的陵墓等。现代民间仍有三大"鬼"节：清明节、中元节、寒衣节。其中清明节国家规定为法定节假日，为英烈祭奠扫墓，民族英烈虽死犹生，活在人们心中。

（七）列举有关生死轮回的报道

1. 笔者应邀去中国台湾参加"海峡两岸周易论坛大会"，笔者在大会上发言，解读上述《周易》末二卦，获得肯定和好评，方知台湾同胞对国学《周易》文化的酷爱，认可末二卦的认知。《环球时报》2019年1月24日报道，标题"台湾知名作家林清玄去世"，摘录如下："林清玄是台湾著名作家，曾获时报文学奖等多奖项，是台湾畅销书作家，他有26篇文章被收录在大陆教科书中，号称每年有一亿学童读他的作品。昨天23日因心肌梗塞去世。傍晚，林清玄家属发表致读者信，表示在林清玄眼里，他只是换了一个地方居住，其实生跟死没什么两样，就好像移民或者搬到别的城市去居住，总有相逢之日。"

2. 再介绍台湾"易"界名家曾仕强教授关于生死的论述。在2009年中国中央电视台"百家讲坛"拟播讲《周易》，友人推荐笔者，落选时友人告诉笔者，选中了曾教授。笔者致信曾教授表示祝贺，并附上笔者对《周易》末二卦的解读，请他参考。他来北京后抽空闲会见笔者时说："古今未有如此解读末二卦，老兄的解读富有哲理性、伦理性和道德取向，是专利，可以出书立说……"随后他把预先写的关于生死一页文字给笔者，让笔者出书时参考。现摘录如下。

生到死是单向道，虽然每个人经历不同，但同归于尽。生与死有三个公式：

（1）生＝死（生等于死）。因为一口气不来，生就变死了。"生死一线间"。一线就是地平线。"来生"是灵魂来投胎形成"今生"；"往生"是灵魂最后一次离开"今生"的躯体（既济），到另一个世界（未济）"往生"去了。"生"不过是有躯体的生，而"死"是"没有躯体的生"。"生"和"死"的本质都是"生"。只是有躯体和没有躯体，也就是一阴一阳，一个阳间，一个阴间，阴阳是《周易》核心元素。例如孔子虽死犹生，他的精神文化受人尊敬，死＝生。

（2）生＞死（生大于死）。人活着要效仿乾卦"自强不息"，为人民服务。这是公德行善，死则做不到。所以生的能量＞死的能量。

（3）生＜死（死大于生）。人生行善或作恶的时间短暂，很快会弄湿"头尾"，到达既济终点彼岸。生前种下的"因"，死后进入未济，获得"果"的时间是永久的，所以死＜生。

3. 为了避免生前就遭到因果报应。《环境时报》2019年5月7日报道，在韩国全罗北道益山市郊区有一座专供拍摄影视、供游人体验的观光"监狱"，有高耸的白色围墙和瞭望塔，围墙上写着"道德修养，确立秩序"。网友说："看到这冰冷的铁窗铁门，感到无比的沉重和心寒，绝对不能做坏事，下决心要善良正直地度过一生。"笔者认为这也避免了死后遭到恶的报应。

4. 国学大师南怀瑾的《易经系传别讲》摘录如下：中国文化素来认为，人类活着与死去，没有什么差别，也没有那么多的痛苦。生者寄也，死者归也。活在世上，相当于住旅馆，来这里玩玩、来观光的，观光完了当然要回去的。所以说，死生如旦暮——像白天与黑夜一样，有生必有死，有夜必有昼。换句话说，这个死生观念不是唯物的观点。唯物观点认为人死如灯灭，中国文化的观念不是如此。它的看法是：死也不是死，有死则必有生；生也不是生，有生必有死。用佛家的说法就是轮回，也就是三世的因果。三世指前世、今世、未来的来世，生死是三世因果。

（八）《周易》首二卦，乾为天，坤为地。有天地便有了人，恩格斯说："人是大自然的产物。"乾为天，宣扬天道；坤为地，宣扬地道；末二卦阐述生死轮回，宣扬人道。天地人是《周易》的三才，天人合一是《周易》

追求的最高境界，既然"天人合一"，到末二卦，人生轮回，应该天地宇宙也轮回。2016 年 11 月 13 日百度新闻网标题："科学理论揭示人生轮回的可能性"。其全文如下：

宇宙由原始虚无，形成致密的一点，开始大爆炸产生了时空、能量、原子、星系、物质、暗物质、暗能量、反物质。在暗能量推动下，宇宙不断加速膨胀，最后导致时空撕裂，使宇宙化为虚无；或者暗物质吞食物质，二者都导致宇宙回归原点，是宇宙下一个轮回，导致人也下一个轮回，重复人生是什么样，不得知。

（九）总结——《周易》《乾》卦教导人"自强不息"，为社会为家庭创造财富行善，行善就是积德。《坤》卦"厚德载物"，积德才能"厚德"，厚德才能载物。从这个视角解读"乾坤"是树立道德观、人生观。

古人观察"天圆地方"，乾为天为圆，是圆"规"；坤为地为方，六二爻"直方大……"是直尺，又称"矩"。由这"规"和"矩"可知乾坤立了"规矩"，把道德视为遵守的规矩，这是《周易》的初心。《易传·文言》在《坤》卦说："积善之家必有余庆，积不善之家必有余殃。"这也体现了《周易》在开始时不忘初心，在结束的末二卦牢记使命。也就是说既济、未济两个卦承担《周易》的道德"使命"。用末二卦来检验从乾坤天地诞生的人，经过六十余卦的风风雨雨，大浪淘沙，是否走正道、守道德来趋吉避凶。

《履》卦九二爻："履道坦坦，幽人贞吉。"解读：道是道路、道德，其意是道德的道路是平坦的，即使在幽暗的环境里也会吉祥。

《恒》卦九三爻："不恒其德，或承之羞，贞吝。"解读：不长久保持道德，将蒙受耻辱，遭到报复。

《随》卦九五爻："孚于嘉，吉。"解读：以诚信待人、做善事则吉。

《蹇》卦九五爻："大蹇朋来。"解读：讲道德走正道的人，遭到大灾大难，朋友就会来助。为人处世积累的善或恶，种下的"因"，在末卦《未济》卦就得到报应，获得"果"。

《周易》在末二卦折射出善恶因果关系，给人类敲响道德警钟。这是广义的道德，包括《乾》卦用九爻"天德不可为首也"的天德、《坤》卦《象》

曰"坤厚载物、德合无疆"的地德、末卦"立德树人"的人德，也就是包括了天地人三才的道德。首末各二卦前呼后应，彰显出有机的整体。《周易》通过末二卦，将人类带到精神、思想更高的境界，把《周易》的正能量全部释放。笔者再次强调《周易》六十四卦都重要，尤其首末各二卦更重要，是《周易》的"名片""身份证"。末二卦是人生终点的里程碑，碑文应写"生死轮回善恶报应因果论"，做人要做善事，勿贪污腐化祸国殃民。善或恶若不在生前报应，必在死后。国学大师南怀瑾在《易经系传别讲》中指出："我经常告诉大家说，如果懂了未济，《易经》的全部道理你就懂了。"

附录一　《周易》原文

《周易》原文

第一卦　乾卦 ䷀

卦辞：乾。元、亨、利、贞。

初九：潜龙勿用。

九二：见龙在田，利见大人。

九三：君子终日乾乾，夕惕若，厉无咎。

九四：或跃在渊，无咎。

九五：飞龙在天，利见大人。

上九：亢龙有悔。

用九：见群龙无首，吉。

第二卦　坤卦 ䷁

卦辞：坤，元亨，利牝马之贞。君子有攸往，先迷后得主。利西南得朋，东北丧朋。安贞吉。

初六：履霜，坚冰至。

六二：直、方、大，不习，无不利。

六三：含章，可贞，或从王事，无成有终。

六四：括囊，无咎无誉。

六五：黄裳，元吉。

上六：龙战于野，其血玄黄。

用六：利永贞。

第三卦　屯卦 ䷂

卦辞：屯，元亨利贞。勿用有攸往，利建侯。

初九：磐桓，利居贞，利建侯。

六二：屯如邅如，乘马班如，匪寇婚媾，女子贞不字，十年乃字。

六三：即鹿无虞，惟入于林中。君子几，不如舍，往吝。

六四：乘马班如，求婚媾，往吉，无不利。

九五：屯其膏，小贞吉，大贞凶。

上六：乘马班如，泣血涟如。

第四卦 蒙卦 ䷃

卦辞：蒙，亨，匪我求童蒙，童蒙求我。初筮告，再三渎，渎则不告。利贞。

初六：发蒙，利用刑人，用说桎梏，以往吝。

九二：包蒙，吉；纳妇吉；子克家。

六三：勿用取女，见金夫，不有躬，无攸利。

六四：困蒙，吝。

六五：童蒙，吉。

上九：击蒙，不利为寇，利御寇。

第五卦 需卦 ䷄

卦辞：需，有孚，元亨，贞吉，利涉大川。

初九：需于郊，利用恒，无咎。

九二：需于沙，小有言，终吉。

九三：需于泥，致寇至。

六四：需于血，出自穴。

九五：需于酒食，贞吉。

上六：入于穴，有不速之客三人来，敬之，终吉。

第六卦 讼卦 ䷅

卦辞：讼，有孚，窒，惕，中吉，终凶。利见大人，不利涉大川。

初六：不永所事，小有言，终吉。

九二：不克讼，归而逋，其邑人三百户，无眚。

六三：食旧德，贞厉，终吉。或从王事，无成。

九四：不克讼，复即命，渝安，贞吉。

九五：讼，元吉。

上九：或锡之鞶带，终朝三褫之。

第七卦　师卦 ䷆

卦辞：师，贞，丈人吉，无咎。

初六：师出以律，否臧凶。

九二：在师中，吉，无咎，王三锡命。

六三：师或舆尸，凶。

六四：师左次，无咎。

六五：田有禽，利执言，无咎。长子帅师，弟子舆尸，贞凶。

上六：大君有命，开国承家，小人勿用。

第八卦　比卦 ䷇

卦辞：比，吉。原筮，元亨，永贞，无咎。不宁方来，后夫凶。

初六：有孚比之，无咎。有孚盈缶，终来有它，吉。

六二：比之自内，贞吉。

六三：比之匪人，凶。

六四：外比之，贞吉。

九五：显比，王用三驱，失前禽，邑人不诫，吉。

上六：比之无首，凶。

第九卦　小畜卦 ䷈

卦辞：小畜，亨。密云不雨，自我西郊。

初九：复自道，何其咎，吉。

九二：牵复，吉。

九三：舆说辐，夫妻反目。

六四：有孚，血去惕出，无咎。

九五：有孚挛如，富以其邻。

上九：既雨既处，尚德载。妇贞厉，月几望，君子征，凶。

第十卦　履卦 ䷉

卦辞：履，履虎尾，不咥人，亨。

初九：素履，往无咎。

九二：履道坦坦，幽人贞吉。

六三：眇能视，跛能履，履虎尾，咥人，凶。武人为于大君。

九四：履虎尾，愬愬，终吉。

九五：夬履，贞厉。

上九：视履，考祥其旋，元吉。

第十一卦　泰卦 ䷊

卦辞：泰，小往大来，吉，亨。

初九：拔茅茹，以其汇，征吉。

九二：包荒，用冯河，不遐遗朋亡，得尚于中行。

九三：无平不陂，无往不复，艰贞，无咎。勿恤其孚，于食有福。

六四：翩翩不富，以其邻，不戒以孚。

六五：帝乙归妹，以祉元吉。

上六：城复于隍，勿用师。自邑告命，贞吝。

第十二卦　否卦 ䷋

卦辞：否，否之匪人，不利君子贞，大往小来。

初六：拔茅茹，以其汇，贞吉，亨。

六二：包承，小人吉，大人否，亨。

六三：包羞。

九四：有命，无咎，畴离祉。

九五：休否，大人吉，其亡其亡，系于苞桑。

上九：倾否，先否后喜。

第十三卦　同人卦 ䷌

卦辞：同人，同人于野、亨，利涉大川，利君子贞。

初九：同人于门，无咎。

六二：同人于宗，吝。

九三：伏戎于莽，升其高陵，三岁不兴。

九四：乘其墉，弗克攻，吉。

九五：同人，先号咷而后笑，大师克相遇。

上九：同人于郊，无悔。

第十四卦　大有卦 ䷍

卦辞：大有，元亨。

初九：无交害，匪咎，艰则无咎。

九二：大车以载，有攸往，无咎。

九三：公用亨于天子，小人弗克。

九四：匪其彭，无咎。

六五：厥孚交如，威如，吉。

上九：自天佑之，吉，无不利。

第十五卦　谦卦 ䷎

卦辞：谦，亨，君子有终。

初六：谦谦君子，用涉大川，吉。

六二：鸣谦，贞吉。

九三：劳谦，君子有终，吉。

六四：无不利，㧑谦。

六五：不富以其邻，利用侵伐，无不利。

上六：鸣谦，利用行师征邑国。

第十六卦　豫卦 ䷏

卦辞：豫，利建侯行师。

初六：鸣豫，凶。

六二：介于石，不终日，贞吉。

六三：盱豫，悔，迟有悔。

九四：由豫，大有得，勿疑，朋盍簪。

六五：贞疾，恒不死。

上六：冥豫，成有渝，无咎。

第十七卦　随卦 ䷐

卦辞：随，元亨，利贞，无咎。

初九：官有渝，贞吉，出门交有功。

六二：系小子，失丈夫。

六三：系丈夫，失小子。随有求得，利居贞。

九四：随有获，贞凶。有孚在道，以明何咎。

九五：孚于嘉，吉。

上六：拘系之，乃从维之。王用亨于西山。

第十八卦　蛊卦 ䷑

卦辞：蛊，元亨，利涉大川，先甲三日，后甲三日。

初六：干父之蛊，有子，考无咎，厉，终吉。

九二：干母之蛊，不可贞。

九三：干父之蛊，小有悔，无大咎。

六四：裕父之蛊，往见吝。

六五：干父之蛊，用誉。

上九：不事王侯，高尚其事。

第十九卦　临卦 ䷒

卦辞：临，元亨，利贞，至于八月有凶。

初九：咸临，贞吉。

九二：咸临，吉，无不利。

六三：甘临，无攸利，既忧之，无咎。

六四：至临，无咎。

六五：知临，大君之宜，吉。

上六：敦临，吉，无咎。

第二十卦　观卦 ䷓

卦辞：观，盥而不荐，有孚颙若。

初六：童观，小人无咎，君子吝。

六二：窥观，利女贞。

六三：观我生，进退。

六四：观国之光，利用宾于王。

九五：观我生，君子无咎。

上九：观其生，君子无咎。

第二十一卦　噬嗑卦 ䷔

卦辞：噬嗑，亨，利用狱。

初九：屦校灭趾，无咎。

六二：噬肤灭鼻，无咎。

六三：噬腊肉，遇毒，小吝，无咎。

九四：噬干胏，得金矢，利艰贞，吉。

六五：噬干肉，得黄金，贞厉，无咎。

上九：何校灭耳，凶。

第二十二卦　贲卦 ䷕

卦辞：贲，亨，小利有攸往。

初九：贲其趾，舍车而徒。

六二：贲其须。

九三：贲如濡如，永贞吉。

六四：贲如皤如，白马翰如，匪寇婚媾。

六五：贲于丘园，束帛戋戋，吝，终吉。

上九：白贲，无咎。

第二十三卦　剥卦 ䷖

卦辞：剥，不利有攸往。

初六：剥床以足，蔑贞凶。

六二：剥床以辨，蔑贞凶。

六三：剥之，无咎。

六四：剥床以肤，凶。

六五：贯鱼以宫人宠，无不利。

上九：硕果不食，君子得舆，小人剥庐。

第二十四卦　复卦 ䷗

卦辞：复，亨，出入无疾，朋来无咎。反复其道，七日来复，利有攸往。

初九：不远复，无祗悔，元吉。

六二：休复，吉。

六三：频复，厉，无咎。

六四：中行，独复。

六五：敦复，无悔。

上六：迷复，凶。有灾眚。用行师，终有大败，以其国君凶，至于十年不克征。

第二十五卦　无妄卦 ䷘

卦辞：无妄，元亨，利贞，其匪正有眚，不利有攸往。

初九：无妄，往吉。

六二：不耕获，不菑畬，则利有攸往。

六三：无妄之灾，或系之牛，行人之得，邑人之灾。

九四：可贞，无咎。

九五：无妄之疾，勿药有喜。

上九：无妄行，有眚，无攸利。

第二十六卦　大畜卦 ䷙

卦辞：大畜，利贞。不家食，吉，利涉大川。

初九：有厉，利已。

九二：舆说輹。

九三：良马逐，利艰贞。日闲舆卫，利有攸往。

六四：童牛之牿，元吉。

六五：豮豕之牙，吉。

上九：何天之衢，亨。

第二十七卦　颐卦 ䷚

卦辞：颐，贞吉。观颐，自求口实。

初九：舍尔灵龟，观我朵颐，凶。

六二：颠颐，拂经于丘颐，征凶。

六三：拂颐，贞凶，十年勿用，无攸利。

六四：颠颐，吉。虎视眈眈，其欲逐逐，无咎。

六五：拂经，居贞吉，不可涉大川。

上九：由颐，厉，吉，利涉大川。

第二十八卦　大过卦 ䷛

卦辞：大过，栋桡，利有攸往，亨。

初六：藉用白茅，无咎。

九二：枯杨生稊，老夫得其女妻，无不利。

九三：栋桡，凶。

九四：栋隆，吉，有它，吝。

九五：枯杨生华，老妇得其士夫，无咎无誉。

上六：过涉灭顶，凶，无咎。

第二十九卦　坎卦 ䷜

卦辞：习坎，有孚维心，亨，行有尚。

初六：习坎，入于坎窞，凶。

九二：坎有险，求小得。

六三：来之坎坎，险且枕，入于坎窞，勿用。

六四：樽酒簋贰，用缶，纳约自牖，终无咎。

九五：坎不盈，祗既平，无咎。

上六：系用徽纆，寘于丛棘，三岁不得，凶。

第三十卦　离卦 ䷝

卦辞：离，利贞，亨，畜牝牛，吉。

初九：履错然，敬之，无咎。

六二：黄离，元吉。

九三：日昃之离，不鼓缶而歌，则大耋之嗟，凶。

九四：突如其来如，焚如，死如，弃如。

六五：出涕沱若，戚嗟若，吉。

上九：王用出征，有嘉折首，获匪其丑，无咎。

第三十一卦　咸卦 ䷞

卦辞：咸，亨，利贞。取女吉。

初六：咸其拇。

六二：咸其腓，凶，居吉。

九三：咸其股，执其随，往吝。

九四：贞吉，悔亡。憧憧往来，朋从尔思。

九五：咸其脢，无悔。

上六：咸其辅颊舌。

第三十二卦　恒卦 ䷟

卦辞：恒，亨，无咎，利贞，利有攸往。

初六：浚恒，贞凶，无攸利。

九二：悔亡。

九三：不恒其德，或承之羞，贞吝。

九四：田无禽。

六五：恒其德，贞妇人吉，夫子凶。

上六：振恒，凶。

第三十三卦　遁卦 ䷠

卦辞：遁，亨，小利贞。

初六：遁尾，厉，勿用有攸往。

六二：执之用黄牛之革，莫之胜说。

九三：系遁，有疾，厉，畜臣妾，吉。

九四：好遁，君子吉，小人否。

九五：嘉遁，贞吉。

上九：肥遁，无不利。

第三十四卦　大壮卦 ䷡

卦辞：大壮，利贞。

初九：壮于趾，征凶，有孚。

九二：贞吉。

九三：小人用壮，君子用罔，贞厉。羝羊触藩，羸其角。

九四：贞吉，悔亡。藩决不羸，壮于大舆之輹。

六五：丧羊于易，无悔。

上六：羝羊触藩，不能退，不能遂，无攸利，艰则吉。

第三十五卦　晋卦 ䷢

卦辞：晋，康侯用锡马蕃庶，昼日三接。

初六：晋如，摧如，贞吉。罔孚，裕无咎。

六二：晋如，愁如，贞吉。受兹介福于其王母。

六三：众允，悔亡。

九四：晋如，鼫鼠，贞厉。

六五：悔亡，失得勿恤，往吉，无不利。

上九：晋其角，维用伐邑，厉吉，无咎，贞吝。

第三十六卦　明夷卦 ䷣

卦辞：明夷，利艰贞。

初九：明夷于飞，垂其翼。君子于行，三日不食。有攸往，主人有言。

六二：明夷，夷于左股，用拯马壮，吉。

九三：明夷，于南狩，得其大首，不可疾贞。

六四：入于左腹，获明夷之心，于出门庭。

六五：箕子之明夷，利贞。

上六：不明晦。初登于天，后入于地。

第三十七卦　家人卦 ䷤

卦辞：家人，利女贞。

初九：闲有家，悔亡。

六二：无攸遂，在中馈，贞吉。

九三：家人嗃嗃，悔厉，吉。妇子嘻嘻，终吝。

六四：富家，大吉。

九五：王假有家，勿恤，吉。

上九：有孚威如，终吉。

第三十八卦　睽卦 ䷥

卦辞：睽，小事吉。

初九：悔亡，丧马勿逐，自复。见恶人，无咎。

九二：遇主于巷，无咎。

六三：见舆曳，其牛掣，其人天且劓，无初有终。

九四：睽孤遇元夫，交孚厉，无咎。

六五：悔亡，厥宗噬肤，往何咎。

上九：睽孤，见豕负涂，载鬼一车，先张之弧，后说之弧，匪寇婚媾，往遇雨则吉。

第三十九卦 蹇卦 ䷦

卦辞：蹇，利西南，不利东北，利见大人，贞吉。

初六：往蹇，来誉。

六二：王臣蹇蹇，匪躬之故。

九三：往蹇，来反。

六四：往蹇，来连。

九五：大蹇，朋来。

上六：往蹇，来硕吉，利见大人。

第四十卦 解卦 ䷧

卦辞：解，利西南，无所往，其来复吉。有攸往，夙吉。

初六：无咎。

九二：田获三狐，得黄矢，贞吉。

六三：负且乘，致寇至，贞吝。

九四：解而拇，朋至斯孚。

六五：君子维有解，吉。有孚于小人。

上六：公用射隼于高墉之上，获之，无不利。

第四十一卦 损卦 ䷨

卦辞：损，有孚，元吉，无咎，可贞，利有攸往。曷之用？二簋可用享。

初九：已事遄往，无咎，酌损之。

九二：利贞，征凶，弗损，益之。

六三：三人行则损一人，一人行则得其友。

六四：损其疾，使遄有喜，无咎。

六五：或益之十朋之龟，弗克违，元吉。

上九：弗损，益之，无咎，贞吉，利有攸往，得臣无家。

第四十二卦　益卦 ䷩

卦辞：益，利有攸往，利涉大川。

初九：利用为大作，元吉，无咎。

六二：或益之十朋之龟，弗克违，永贞吉，王用享于帝，吉。

六三：益之用凶事，无咎、有孚，中行，告公用圭。

六四：中行告公从，利用为依迁国。

九五：有孚惠心，勿问元吉，有孚惠我德。

上九：莫益之，或击之，立心勿恒，凶。

第四十三卦　夬卦 ䷪

卦辞：夬，扬于王庭，孚号有厉，告自邑，不利即戎，利有攸往。

初九：壮于前趾，往不胜，为咎。

九二：惕号，莫夜有戎，勿恤。

九三：壮于頄，有凶。君子夬夬独行，遇雨若濡，有愠，无咎。

九四：臀无肤，其行次且，牵羊悔亡，闻言不信。

九五：苋陆夬夬，中行无咎。

上六：无号，终有凶。

第四十四卦　姤卦 ䷫

卦辞：姤，女壮，勿用取女。

初六：系于金柅，贞吉。有攸往，见凶。羸豕孚蹢躅。

九二：包有鱼，无咎，不利宾。

九三：臀无肤，其行次且，厉，无大咎。

九四：包无鱼，起凶。

九五：以杞包瓜，含章，有陨自天。

上九：姤其角，吝，无咎。

第四十五卦　萃卦 ䷬

卦辞：萃，亨，王假有庙，利见大人，亨，利贞。用大牲吉，利有攸往。

初六：有孚不终，乃乱乃萃，若号，一握为笑，勿恤，往无咎。

六二：引吉，无咎，孚乃利用禴。

六三：萃如嗟如，无攸利，往无咎，小吝。

九四：大吉，无咎。

九五：萃有位，无咎。匪孚，元亨永贞，悔亡。

上六：赍咨涕洟，无咎。

第四十六卦　升卦 ䷭

卦辞：升，元亨。利见大人，勿恤，南征吉。

初六：允升，大吉。

九二：孚乃利用禴，无咎。

九三：升虚邑。

六四：王用亨于岐山，吉，无咎。

六五：贞吉，升阶。

上六：冥升，利于不息之贞。

第四十七卦　困卦 ䷮

卦辞：困，亨，贞大人吉，无咎。有言不信。

初六：臀困于株木，入于幽谷，三岁不觌。

九二：困于酒食，朱绂方来，利用享祀，征凶，无咎。

六三：困于石，据于蒺藜，入于其宫，不见其妻，凶。

九四：来徐徐，困于金车，吝，有终。

九五：劓刖，困于赤绂，乃徐有说，利用祭祀。

上六：困于葛藟，于臲卼，曰动悔有悔，征吉。

第四十八卦　井卦 ䷯

卦辞：井，改邑不改井，无丧无得，往来井井，汔至，亦未繘井，羸其瓶，凶。

初六：井泥不食，旧井无禽。

九二：井谷射鲋，瓮敝漏。

九三：井渫不食，为我心恻。可用汲，王明，并受其福。

六四：井甃，无咎。

九五：井洌寒泉，食。

上六：井收勿幕，有孚元吉。

第四十九卦　革卦 ䷰

卦辞：革，巳日乃孚，元亨，利贞，悔亡。

初九：巩用黄牛之革。

六二：巳日乃革之，征吉，无咎。

九三：征凶，贞厉，革言三就，有孚。

九四：悔亡，有孚改命，吉。

九五：大人虎变，未占有孚。

上六：君子豹变，小人革面。征凶，居贞吉。

第五十卦　鼎卦 ䷱

卦辞：鼎，元吉，亨。

初六：鼎颠趾，利出否。得妾以其子，无咎。

九二：鼎有实，我仇有疾，不我能即，吉。

九三：鼎耳革，其行塞，雉膏不食，方雨亏悔，终吉。

九四：鼎折足，覆公餗，其行渥，凶。

六五：鼎黄耳金铉，利贞。

上九：鼎玉铉，大吉，无不利。

第五十一卦　震卦 ䷲

卦辞：震，亨。震来虩虩，笑言哑哑，震惊百里，不丧匕鬯。

初九：震来虩虩，后笑言哑哑，吉。

六二：震来厉，亿丧贝，跻于九陵，勿逐，七日得。

六三：震苏苏，震行无眚。

九四：震遂泥。

六五：震往来，厉，亿无丧有事。

上六：震索索，视矍矍，征凶。震不于其躬，于其邻，无咎。婚媾有言。

第五十二卦　艮卦 ䷳

卦辞：艮，艮其背，不获其身；行其庭，不见其人，无咎。

初六：艮其趾，无咎，利永贞。

六二：艮其腓，不拯其随，其心不快。

九三：艮其限，裂其夤，厉薰心。

六四：艮其身，无咎。

六五：艮其辅，言有序，悔亡。

上九：敦艮，吉。

第五十三卦　渐卦 ䷴

卦辞：渐，女归，吉，利贞。

初六：鸿渐于干，小子厉，有言，无咎。

六二：鸿渐于磐，饮食衎衎，吉。

九三：鸿渐于陆，夫征不复，妇孕不育，凶，利御寇。

六四：鸿渐于木，或得其桷，无咎。

九五：鸿渐于陵，妇三岁不孕，终莫之胜，吉。

上九：鸿渐于陆，其羽可用为仪，吉。

第五十四卦　归妹卦 ䷵

卦辞：归妹，征凶，无攸利。

初九：归妹以娣，跛能履，征吉。

九二：眇能视，利幽人之贞。

六三：归妹以须，返归以娣。

九四：归妹愆期，迟归有时。

六五：帝乙归妹，其君之袂，不如其娣之袂良。月几望，吉。

上六：女承筐无实，士刲羊无血，无攸利。

第五十五卦　丰卦 ䷶

卦辞：丰，亨，王假之，勿忧，宜日中。

初九：遇其配主，虽旬无咎，往有尚。

六二：丰其蔀，日中见斗，往得疑疾，有孚发若，吉。

九三：丰其沛，日中见沫，折其右肱，无咎。

九四：丰其蔀，日中见斗，遇其夷主，吉。

六五：来章，有庆誉，吉。

上六：丰其屋，蔀其家，阒其户，阒其无人，三岁不觌，凶。

第五十六卦　旅卦 ䷷

卦辞：旅，小亨，旅贞吉。

初六：旅琐琐，斯其所取灾。

六二：旅即次，怀其资斧，得童仆，贞吉。

九三：旅焚其次，丧其童仆，贞厉。

九四：旅于处，得其资斧，我心不快。

六五：射雉，一矢亡，终以誉命。

上九：鸟焚其巢，旅人先笑后号咷，丧牛于易，凶。

第五十七卦　巽卦 ䷸

卦辞：巽，小亨，利有攸往，利见大人。

初六：进退，利武人之贞。

九二：巽在床下，用史巫纷若，吉，无咎。

九三：频巽，吝。

六四：悔亡，田获三品。

九五：贞吉，悔亡，无不利，无初有终。先庚三日，后庚三日，吉。

上九：巽在床下，丧其资斧，贞凶。

第五十八卦　兑卦 ䷹

卦辞：兑，亨，利贞。

初九：和兑，吉。

九二：孚兑，吉，悔亡。

六三：来兑，凶。

九四：商兑未宁，介疾有喜。

九五：孚于剥，有厉。

上六：引兑。

第五十九卦　涣卦 ䷺

卦辞：涣，亨，王假有庙，利涉大川，利贞。

初六：用拯马壮，吉。

九二：涣奔其机，悔亡。

六三：涣其躬，无悔。

六四：涣其群，元吉。涣有丘。匪夷所思。

九五：涣汗其大号，涣王居，无咎。

上九：涣其血，去逖出，无咎。

第六十卦　节卦 ䷻

卦辞：节，亨，苦节，不可贞。

初九：不出户庭，无咎。

九二：不出门庭，凶。

六三：不节若，则嗟若，无咎。

六四：安节，亨。

九五：甘节，吉，往有尚。

上六：苦节，贞凶，悔亡。

第六十一卦　中孚卦 ䷼

卦辞：中孚，豚鱼吉，利涉大川，利贞。

初九：虞吉，有它不燕。

九二：鸣鹤在阴，其子和之，我有好爵，吾与尔靡之。

六三：得敌，或鼓或罢，或泣或歌。

六四：月几望，马匹亡，无咎。

九五：有孚挛如，无咎。

上九：翰音登于天，贞凶。

第六十二卦　小过卦 ䷽

卦辞：小过，亨，利贞。可小事，不可大事。飞鸟遗之音，不宜上，宜下，大吉。

初六：飞鸟以凶。

六二：过其祖，遇其妣，不及其君，遇其臣，无咎。

九三：弗过防之，从或戕之，凶。

九四：无咎，弗过遇之，往厉必戒，勿用永贞。

六五：密云不雨，自我西郊，公弋取彼在穴。

上六：弗遇过之，飞鸟离之，凶，是谓灾眚。

第六十三卦　既济卦 ䷾

卦辞：既济，亨，小利贞。初吉终乱。

初九：曳其轮，濡其尾，无咎。

六二：妇丧其髴，勿逐，七日得。

九三：高宗伐鬼方，三年克之，小人勿用。

六四：繻有衣袽，终日戒。

九五：东邻杀牛，不如西邻之禴祭，实受其福。

上六：濡其首，厉。

第六十四卦　未济卦 ䷿

卦辞：未济，亨，小狐汔济，濡其尾，无攸利。

初六：濡其尾，吝。

九二：曳其轮，贞吉。

六三：未济，征凶，利涉大川。

九四：贞吉，悔亡，震用伐鬼方，三年有赏于大国。

六五：贞吉，无悔，君子之光，有孚，吉。

上九：有孚于饮酒，无咎。濡其首，有孚失是。

附录二　参考书目

参考书目

（1）朱熹：《周易本义》，九州出版社，2020。

（2）孔颖达：《周易正义》，上海出版社，1990。

（3）王弼：《闲易注》，上海古籍出版社，1990。

（4）程颐：《伊川易传》，上海古籍出版社，1990。

（5）来知德：《周易集注》，上海书店，1986。

（6）高亨：《周易古经今注》，中华书局，1984。

（7）南怀瑾：《周易杂说》，复旦大学出版社，2018。

（8）《论语》，中华书局，2016。

（9）李光地：《周易折中》，九州出版社，2002。

（10）纪有奎：《周易演義》，华龄出版社，2016。

（11）纪有奎：《周易演義续集》，华龄出版社，2017。

（12）王政挺：《易经的故事》，中国友谊出版社，2010。

（13）邵乃读：《正本清源说易经》，世界知识出版社，2015。

（14）唐明邦：《周易》，长江文艺出版社，2015。

（15）周山：《周易的故事》，上海辞书出版社，2017。

（16）韩广岳：《周易易读》，上海古籍出版社，2012。

（17）纪有奎：《周易问答与精华》，华龄出版社，2020。

附录三　介绍作者人生
学习《周易》

我是怎样迷恋国学《周易》的 [①]

国学《周易》是中华传统文化，不仅在中华大地深具影响力，而且被译成多国文字，传播到世界。我的人生轨迹也与此有关联。

《周易》即《易经》，通常二者不严格区分，作者和年代是："人更三圣，世历三古。"即上古伏羲，中古文王，近古孔子，历经三千多年，是中国也是世界上写作时间最长的书，是炎黄祖先、中华古人集体智慧的结晶。《周易》是中国古代几乎包罗万象的百科全书，阐述宇宙事物发生、发展及其变化的规律，以及如何去应对，充满哲理和智慧，被列为群经之首、大道之源，是中华文化的源头。从汉代开始被列为科举考试重要科目。中国古代有"不知《易》不可称为将相"之说。日本在明治维新时组阁规定，不知《易》者，不得入阁。十七世纪以来，被译成拉丁文、英德法文等，传到世界，受到好评，获得赞誉。

我从幼年开始与《周易》结缘，至今已八十余年。幼年是在山东蓬莱故乡开始学习《周易》的。

一

山东蓬莱仙岛是当代旅游胜地。有海水拍岸的蓬莱阁，有八仙过海的传说，有蓬莱阁半岛上的亭台楼阁和古迹，登高远望，水天一色，有海市蜃楼涌现时观景地，有戚继光保家卫国操练海军的场所。这一切吸引当代国内外的游客。但以前游客极少，是一座待开发的水城处女半岛。那时期我出生在这附近一个贫困的纪家村，十多年以后才变成解放区。划分家庭成分时，我方知那时村里除了个别富农外，其余都是贫农。那时农村领导，为穷苦男孩子能识字、学点文化，聘请外村年近五十岁、身材魁梧的宋老师。学校只有一位老师，也只有一个教室，容纳一至四年级的男生。在教室里按年级划分区域。老师的数学水平仅限于会加减乘除、四则运算，但语文

具有深厚的底蕴，尤其是古文。老师给一个年级讲课时，其他三个年级的学生要坐在原位安静自习。我自幼好学，在一年级时，我也专心听老师分别给其他三个年级讲的课，我虽无书，但认真记笔记，当我读完一年级时，已基本学完四年级的课程。我好学的情景，老师看在眼里，一年级期末时，老师却让我参加四年级的考试，可能要测试我"偷听"的效果。成绩是百分制，四年级学生有个别不及格，也没有得百分的，我却获得平均73分，居四年级分数中等水平，老师当场宣布成绩，所有学生回家可能对家长传递这一消息，几乎全村都知道了，我被称为"神童"。因此，我母亲在村里受到尊重，母以子贵。我父亲更惊讶，好像哥伦布发现了新大陆，愿意教我《周易》。我父亲酷爱中医，桌上常摆放三本书，《伤寒论》《黄帝内经》和《周易》。我父亲说"医"源于"易"，唐朝名医孙思邈说："不知'易'，不足以言太医。"中国最神秘的文化莫过于《周易》和中医，一个代表中国宇宙哲学体系，一个代表中国人体科学体系。平时我翻这三本书，只对《周易》书里的阴阳符号的排列好奇，在这些符号旁边还有许多文字我不认识。我多次让父亲教我读《周易》，每次都被父亲拒绝，父亲说："教你，你也不懂。"当我成为"神童"时，父亲才动心肯教我，可能想"孺子可教也"，想培养我走仕途之路，光宗耀祖，不在农村田地里面朝黄土背朝天，田地大都是山坡乱石贫地，常年生产的粮食还不够糊口。我家南门外左右各有一棵参天的白杨树，风水先生说这是两棵旗杆，我家将来出名人，父亲可能信以为真才下决心教我《周易》。

　　父亲伸出粗糙的老手在纸上画"▬"，说是男人的生殖器，指指我的裤裆，名叫阳爻（爻读摇）；又画"▬▬"说当中开口是女人的生殖器，叫阴爻。他用三个"▬"叠加成"☰"叫乾卦，是三个阳爻，纯阳；又用三个"▬▬"叠加成"☷"叫坤卦，是三个阴爻，纯阴。然后用"▬"和"▬▬"混合搭成不同的三个爻的排列，又画出六个卦，加上乾坤二卦，共画出八个卦，即八卦。每卦都有名称和多个含义。例如，"乾卦"为父，"坤卦"为母，父母生了三个男孩和三个女孩，这一家八口人都可在八卦里表示；父亲说八卦可以象征自然界的天、地、风、雷、水、火、山、泽八种景物；又说八卦可以象征东、南、西、北以及它们之间的方位，共八个方向；八卦还可表示春、夏、秋、冬以及它们之间的季节，共八个重要季节等。八卦中每一卦由三个爻组成，叫单卦。若表达更多的事物，需要两个单卦叠加成六个爻叫重卦。如此八卦可以叠加成六十四个重卦，这是《周易》的核心内容。每个重卦都有卦名、卦辞，每一爻都有位置、爻名、爻辞。例如，两个单卦的乾卦，叠加成重卦的"乾卦"，卦辞"元亨利贞"。"乾卦"每一爻从下往上排列成六爻，每爻都有爻辞：潜龙、见龙、飞龙、亢龙等。父亲讲"乾卦"用龙表示奋发图强时，特别兴奋，可能隐含他期待"望子成龙"才教我《周易》。父亲说孔子解释"乾卦"卦辞"元亨利贞"是"天行健，君子以自强不息"。每讲完一卦，都要在我会背诵时才讲下一卦，我当天就会背诵。父亲把古字词用汉字拼音，很少问我懂不懂，我似懂非懂，囫囵吞枣不消化。开始时很勤奋、感兴趣，有些内容不懂装懂，因为是我要求学的。逐渐越学越枯燥，没有兴趣再学下去，便对父亲说不想再学了。未曾料到，父亲怒气冲天，我挨了一顿痛打。父亲说："是你要学的，半途而废，没出息，不学不成。"那时农村没有电灯，我挨打后，父亲又在煤油灯下教我《周易》。窗外的雨水湿透窗纸，风吹进来把煤油灯火吹得左右摇摆，就像我的思绪，那雨点顺着窗纸往下流，就像我的泪水往肚里咽。

　　幸而有一次我在教室里不听老师讲课，实际我都会了，是"陪读"，偷看《周易》。这一次因一位学生不守规矩老师正发脾气，我又不听讲，老师急匆匆走到我桌子旁边，面带怒气，伸手抢去我的《周易》书，先看看书皮，又翻翻书，圆圆的胖脸展现惊奇的微笑，就像农村上空乌云密布突然透出一缕阳光，老师要我下课后找他，他把我的书带走。我首次去老师房间，外屋有农村的锅灶，但不做饭，由村长轮流指派学生家长给老师送饭。里屋一座泥砖砌的大炕，冬天烧柴取暖，老师孤身一人在此，节假日才回家。里屋中央摆放一张大木桌，桌上堆放煤油灯、暖水瓶、毛笔、墨盒、书等。我笔直地站在老师面前，老师问我能看懂《周易》吗？我说不太懂，但我能背诵。老师说《周易》将近五千字，你能全背诵吗？我说能，当我流利地背诵完，老师激动地把桌上一碗水碰倒，我急忙去擦桌子。老师问我谁教的？我说父亲。老师让我回家把父亲叫来取书。父亲去取书回来后对我说："你遇见伯乐了。"我问伯乐是谁？父亲讲了伯乐的故事。父亲说老师想培养我成才，在业余时间继续给我讲《周易》。老师的确是老师，有教学经验，用通俗的语言，用形象的比喻讲解《周易》，不是按顺序讲，是挑重点帮我复习，帮我将囫囵吞到肚子里的《周易》进行消化。老师使我进一步了解，"讼卦"是打官司，劝人和解。"谦卦"是讲为人要谦虚谨慎，不要以为自己是"神童"就飘飘然。"坎卦"是讲人生遇到困难时，要设法渡过难关。"升卦"是讲个人努力，一步步前进，不要急于求成，要和"无妄卦"联系，不要妄想一步登天。"井卦"是讲要及时清理井里淤泥，使人喝上干净水，那时村里家家都吃井水，要饮水不忘挖井人，要感恩。我对老师说，我将来要报答您。"蒙卦"是启蒙教育孩子的方法，初六爻辞"发蒙，利用刑人，用说桎梏"。老师解读说，"发蒙"是对孩子启发式的教育，"刑人"是校规，"说"是"脱"。如此解释说，启蒙教育，利用校规，要解脱枷锁体罚。但是我父亲的解读与老师相反，父亲直译是："启蒙教育，要用刑罚，甚至用枷锁体罚。"言外之意我若不学，可以打我，打我有理有据，《周易》说的。可见《周易》有多种解读。父亲和老师通过《周易》使我获知与我年龄不相称的人生知识，我成了早熟"小大人"。

　　老师通常是在傍晚或夜晚教我。有一次在伸手不见五指的漆黑夜晚，我一手提灯笼，一手拿《周易》书，好像双手照亮我走在像袖子般狭窄的小胡同泥泞之路上。回来时突然下雨，把灯笼熄灭。我怕弄脏心爱的布鞋，便脱掉鞋，用鞋包着《周易》书，藏在胸怀里。不慎，碎石刺破我的脚流血，回到家母亲用手抓一把锅灶里的柴灰，塞在我脚上长条很深的伤口处，用毛巾包着（至今八十多年仍留有伤疤，它是我周易的足迹，以后走上国内外宣扬周易）。脚受伤后我躺在家里不能上学了，老师得知，特意来看我，成为村里的罕见新闻。老师在我家给我讲"否卦"（否读痞）和"泰卦"。他说"否卦"是八卦里的单卦乾在上、单卦坤在下，构成乾上、坤下的重卦为"否卦"。因为乾属阳，阳气上升；坤属阴，阴气下降。两者向反方向行进，背道而驰、不能吻合，称为否。否是不和谐，黑暗时期。老师用两个拳头叠加成一上一下，上面拳头上升，下面拳头下降，两拳拉开距离，分道扬镳，不合为否。老师接着说，若把两者颠倒过来是"泰卦"。因为颠倒过来是坤上、乾下。坤为阴，阴气下降；乾为阳，阳气上升。两者相向而行，相遇而合为泰，泰是平安、安定、和顺。老师低声说农村民不聊生处于"否卦"。我问什么时候能处于"泰卦"？老师似答非答地说："否尽泰来。"

为了报答老师对我的教导，轮到我家给老师送饭时，副食在自产的萝卜、大白菜外，还增添一盘咸鱼，主食是白面馒头或烙饼。这是我们过年时才能吃到的。那时期，贫困的村民穿衣服破了带补丁，有位同学破衣服的补丁有多种颜色，同学叫他绰号"万国旗"。农民种田还难以糊口，受饥饿困扰，便去闯关东（东北三省），已成民俗。我二哥已去关东，当我们吃野菜树叶也填不饱肚子时，父亲决定带领我母亲、我和我妹妹，背井离乡去闯关东，投奔我二哥。临行时父母带些简单的衣物，我年幼八岁，父亲让我背着小件衣服和他那心爱的三本书。

二

从山东烟台乘船，途中我问父亲坐在船里这是什么卦？父亲说《周易》六十四卦末二卦是"既济卦"和"未济卦"，现在是"既济卦"，是渡水到达对岸的大连。上了岸还要北上，我想北上那是"未济卦"，"未济"是还要过河，更艰难。到达新京（现在的长春）见到我二哥是在当地打工混饭吃，穿着工作服，年轻的脸上，十分憔悴，全家人见面，欲语泪先流。父亲也加入打工行列。那时东北三省是日本统治下的伪满洲国，黑暗社会，如同"丰卦"曰："丰其蔀，日中见斗，往得疑疾。"这是说："太阳犹如被席棚遮挡不见阳光，黑暗，中午如同午夜能看见北斗星，人们疑心是疾苦来临。"在当地遇见一些逃难过来的山东省老乡，大都民不聊生，处于"否卦"。我二哥白日打工，夜晚怕在家里被当局闯入"抓劳工"去北大荒，便睡在草棚里。我们的邻居是一家私塾学堂，有位长胡须的老者吸烟叶，烟杆有一米长，他又教学又卖杂货，外屋出售扫帚、碗、筷子等杂货，里屋是教室，摆放几条长桌子和长凳子，最多容纳十多个学生跟他学《百家姓》《三字经》。我是少年打工的不收，父亲劳累，无力再教我书本知识，便送我去这学堂。当我能熟练地背诵老者教我的两本书时，我请求老者教我《周易》，继续深造。老者问我学过《周易》吗？我说学过《周易》，但有些卦不太懂，并把学习经过汇报，又逞能显摆地背诵《周易》。老者听后，捋着胡须惊奇地问我，为什么在家不学别的书，而学《周易》？

我说我家里除医学书外，只有《周易》，就像这里只有《百家姓》《三字经》两本书。老者说："《周易》是大人学的，你都会背诵了。"老者劝我学《论语》或者《道德经》，我同意。我回家对父亲说此事，父亲不同意，说我不要贪多，也没那么多钱交学费。让我在家复习《周易》，有不明白的请老者再讲讲，给点学费。我把父亲的意图转达给老者，老者因我聪明好学，同意了。他上午教别人那两本书，下午休息，让我带着问题午睡后随时来学堂。我经常去请教，很有收获，可能因我年龄逐渐增长，理解力也增强，经历也广泛。经老者解答，了解"屯卦"主题是"求婚媾"，是男方求婚。"女子贞不字，十年乃字。"是说女子不嫁，十年再嫁的真实含义。又如解答"归妹卦"说，是少女出嫁（古时称妹是少女），卦中"帝乙归妹"的"帝乙"是商朝一位帝王，是商纣王之父，为了不受崛起的周文王侵扰，用和婚策略，把女儿嫁给周文王作妾。还讲了其他卦的一些历史故事，丰富了我的知识。我给老者学费，他不收，他认为我诚实可靠，他在里屋讲课时，让我在外屋等候来客替他卖杂货，直到我父亲病倒卧床而止。

我在家里干些杂活，帮助母亲伺候病倒的父亲。因他劳累成疾，终于病故在异乡，我把《伤寒论》《黄帝内经》放在伴他长眠的棺材里，留下《周易》，这是他唯一的遗产。为了生活，母亲买来手摇木轮纺棉花机，我拿押金到棉花店领取棉花，母亲终日在家把棉花纺成粗线，粗线缠绕成中间大、两头小棒槌形线轴，我把这些线轴交给老板领取工钱。称重量有规定的损耗，有时超过规定还赔钱。母亲纺棉花一天，花絮落满全身如同"雪人"，到屋外让我用扫帚扫掉。不知是岁月还是棉絮把母亲的乌发染成白发？母亲做完晚饭，把主食干的让给子女吃，她自己喝稀汤，母爱令人泪下。母亲仍把子女当作幼童，就像《周易》"渐卦"形容的大鸿雁呵护小鸿雁。我们身处艰苦环境，如同《周易》"困卦"六三爻辞"困于石，据于蒺藜"，该爻辞说困在乱石中，周围是带刺的蒺藜。

1945年8月15日，喜讯传来，日本战败投降了。国民党军占领长春市。后因共产党解放军欲攻打解放长春，先在长春外围部署围困，因此长春城内粮食短缺，国民党部队搜刮粮食，甚至把军队里的马宰杀吃肉。平民饥饿难忍，用一个金戒指换两个馒头吃。周围环境如同《周易》"坎卦"初爻说："习坎，入于坎窞，凶。"爻辞说总是遇到坎坷，陷入坎中的深坑，凶险。百姓因饥饿纷纷外逃，投奔亲友。因我大哥在北平（现称北京），母亲决定带全家逃难到北平投奔我大哥。路途遥远，前途迷茫，我们决定主动走"坎卦"，其九二爻曰："坎有险，求小得。"解读是，坎坷的行程有危险，不求大得，只求小得有碗饭吃活下去。临行前，各自整理自己带的随身衣服，没有箱子，用包袱包裹。母亲说《周易》书沉重，不让我带，我偷着把《周易》以及我多年的笔记藏在我的包袱里背着，我已十五岁能背"包袱"了。历经千山万水、千辛万苦到达北平。在路途中，逃出长春便是解放区。但路过沈阳、锦州等大城市又是国民党军占领区。因此交通工具不贯通，断断续续，火车、马车、步行交替进行，露宿荒野、路旁、寺庙、教堂。我想，难道这就是古代《周易》"旅卦"初爻辞曰"旅琐琐，斯其所取，灾"吗？爻辞说漂泊在外谋生，只求吃碗饭，自讨苦吃，灾害。因逃难者成群结队，路过关卡经简单询问便通过。从沈阳到锦州途中遇到辽河，必须涉水通过。岸边有当地熟悉水性的引导者，收费帮扶渡河。我家四口人也同其他难民一样，脱掉衣服和鞋，放在包袱里，只穿短裤，把包袱放在头顶上，我一只手扶包袱，另一只手牵着母亲的手，我二哥牵着我妹妹的手。为省钱，没请引导者帮扶，但紧跟在带领其他家庭的帮扶者之后，因帮扶者知道水域深浅路线。我母亲是小脚女人，封建社会农村妇女包脚，当走到深水至腋下处时，母亲头晕依在我身上，我咬牙抵抗水冲击，努力支撑母亲数十步到浅水区，没被河流冲入东海，最终活命了。我说不准，这是"既济卦"过河，还是"未济卦"过河，若这是"既济卦"过河，还要到《周易》最后一卦"未济卦"去过河。感叹人生凄凉悲苦，何日走到尽头，不再过河。小时候说我是"小大人"，这时候我似乎少年老成，不时以《周易》感叹人生！

到达北平，我方知这里是国民党统治地区，物价飞涨，哥哥打工赚的钱，需及时购买粮食，否则会贬值，又过着"否卦"时代。后来哥哥赚月薪，薪金是给粮食，却也难糊口。1949 年北平和平解放，解放军从德胜门进入北平城，百姓敲锣打鼓欢迎，报纸上登载这是翻天覆地的变化。我联想起《周易》八卦的乾卦为天，坤卦为地。若把"否卦"的乾上坤下颠倒过来，就是翻天覆地，成为坤上乾下的"泰卦"，"否尽泰来"，国泰民安。扭转乾坤如此而来，北平改名为北京。

　　我在北京上高中时，上语文课的程老师是《易》学专家，有《周易》著作。有一次出的作文题是"学生要自强"。我简述学《周易》的艰苦经过和矢志不渝的毅力，文末用"乾卦"的"天行健，君子以自强不息"结束。老师用红笔批语："周易是国学，能影响人生，要坚持下去，有问题找我共同探讨。"下午要回家时，我到教员休息室去见程老师，他问我什么时候学的《周易》，我叙述一遍，我又逞能显摆自己能背诵，好像我能背诵《周易》是我的名片，老师耐心听完我的背诵，惊喜地夸奖我，问我如何解读《周易》乾坤首二卦和末二卦的"既济卦""未济卦"。我说完后，他说了和我理解的不同，是另一种解读，开阔了我的视野。他让我有问题给他写个纸条，上下课空闲时间递给他，答复我并和我共同讨论。有一次我递给他纸条上写："程老师，您批我作文时写《周易》能影响人生，为什么？"老师回答很简练："人世间有多少事物，《周易》就有多少卦，要吸取智慧去应对。"我又遇到伯乐了。我感激程老师对我的指导，在中午下课回家吃饭时，因外边下雨，程老师没带雨衣，我就把雨衣给他，说："您穿这雨衣，我带了午饭中午不回家。"程老师穿雨衣骑单车走了。事实上我没带午饭，也骑单车冒雨回家吃饭，到家时全身往下流雨水，好像掉进河里刚爬上岸。因此我感冒在家不能上学而请假，程老师获知此事，给我写纸条幽默地说："……你用心良苦借给我雨衣，我安全地度过《周易》'需卦'里的'入穴'回到家，你却像小狐狸似的在'既济卦'渡河爬上岸，非常抱歉。你爬上岸，需警惕风云突变。"

三

　　果然风云突变。六十年代"文化大革命"时期，扫"四旧"把我珍藏数十年的《周易》书烧成灰烬，我彻夜不眠，幸而我把学《周易》的笔记放在另一处而得幸免。除《周易》外，我还酷爱数学。在"文革"时期，我协助数学家华罗庚教授工作时，他外出讲课，因他是跛子拄着拐杖，走路左右摇摆，我替他拿提包。别人问他，他说我是他秘书。在闲暇聊天时，他知道我喜爱《周易》，他高度近视眼，他透过带圈的厚眼镜片，注视我说，《周易》影响面很广泛，其中与数学有关联。他说"洛书"一至九的九个数字，可以布置为三行三列魔方矩阵，成为"九宫图"，各行、各列、各个对角线的数字相加都等于十五，有奇妙的性质，据此可画出八卦图的八个方位。八卦图中两个卦叠加，可以排列组合成《周易》六十四卦。这时我面对华老像开玩笑地问："您和我师母是按照八卦布局恰好生育三男三女，一家八口人居八卦八个位置吗？"华老听后捧腹大笑说："小纪，你真调皮，这是隐私秘密，生男生女你可在《周易》里去领悟，这是《周易》的奥秘。"（此奥秘后来我悟出来了，发表在有关著作中）。华老顺此奥秘思路改变话题说：明朝末年西方传教士把科学带到中国，回国时把《周易》带到国外，翻译成外文出版。十七世纪德国数学家莱布尼茨看到外文的《周易》，受到阴阳符号的启发，把阳爻"▬"视为数字"1"，把阴爻"▬▬"视为数字"0"，据此创造出二进制数学。这是电子计算机的数学模型、理论基础，据此创造出二进制的电子计算机。有了计算机又会使计算机之间互相连通形成电子网络，因此电子计算机是世界科技史上的里程碑。华老又激动地说，我们的老祖先真了不起，远在数千年前，创造了阴阳符号，形成了后代二进制数学，从而有了计算机。他又进一步说，丹麦物理学家波尔，把二进制数学发展到"波尔代数"。当代又深入探讨，出版了《易学与代数之定理》。华老说哲学家冯友兰说过："易经是宇宙的代数学。"华老喜欢吸中南海牌香烟，在思考问题时香烟缭绕，有时在工作或在讨论上述知识时，也是香烟不断，腾云驾雾。我饱受香烟的熏陶，别人说我衣服上有烟味（每次回家我妻子把我衣服晾在院子）。我也饱受华老《易》学知识的熏陶。在"文革"时期，华老基本在家办公，不常去科学院数学所。有一次外出在归途临近家时，苏联吉姆牌的车出现小故障，司机于师傅让华老和我下车走回去。正值春雨濛濛，我给华老撑伞，因他腿脚不便，走路不稳，雨地滑，我让他注意脚下别滑倒，他突然幽默地说《周易》"履卦"爻辞："眇能视，跛能履，咥人，凶。"他解释说："独眼能看见，但看不清；瘸子能走路，但走不稳，就像踩着老虎尾巴，被咬伤，有凶险。"我问这风险是"文革"红卫兵打砸抢吗？他不语，却会心地冷笑了。他挂着拐杖左右摇晃，把我挤在伞边，雨伞流下的水珠滴洗我全身。因我聆听华老讲《周易》，并未感觉雨淋。这细雨撒满大地，润物无声，会滋生出新时代的乾坤。

四

七十年代末，邓小平同志执政，改革开放的春风吹遍乾坤，国家大力提倡把经济搞上去，提高人民的生活水平。国营企业和民营企业齐上阵，"不论是白猫黑猫，抓住老鼠的就是好猫"。为了宣传邓小平同志的倡议，南昌市一座桥头两旁，分别树立一只白猫、一只黑猫，这是《周易》哲理的阴阳论。早年出版的毛主席著作《矛盾论》里也说："一阴一阳谓之道"，阴阳也是二分法，任何事物都可以一分为二，合二为一。这时期《周易》书籍的出版不仅抬头，由"乾卦"的"潜龙勿用"升到"见龙在田"，而且井喷到"飞龙在天"，延续多年。《周易》面很广泛。华罗庚教授对我讲过："凡是从实践中提炼出来的理论，越是抽象，其应用面越广泛。"《周易》的卦爻象和有些词语很抽象，但含有的哲理和智慧涉及人生千百种事物，已涉及当代社会科学和自然科学。例如：哲学、史学、文学、政治、伦理、军事、中医、武术、美学、民俗、堪舆，甚至天文、历法、数学等领域。我的书架上有下列书作为例子：关于管理易的著作《周易与现代管理科学》《周易与现代经济学》等；关于医学易的著作《医易通论》《易学与中医学》等；关于美学易的著作《周易的美学智慧》《周易美学》等；关于文学易的著作《中华易文化传统丛书》等；关于科学易的著作《易经与科学》等。尤其是科学易更吸引眼球，2009 年中国中央电视台百家讲坛播讲《易经的奥妙》说："科学越发达，易经越正确、越科学。"让《周易》告诉未来。中国紫金山天文台发射"悟空"卫星，去探测宇宙暗物质，若果真存在，《周易》的预测性和科学性将更得到验证，把阴阳面更扩大了，看得见的物质属阳性，看不见的暗物质属阴性。

《周易》本身含有深奥哲理和玄理，待后人去挖掘、感悟和验证。研究《周易》的称为易学派，如同研究《红楼梦》的称为红学派。应该指出《易》学是个大舞台，有一些与《周易》无关联的也在该舞台上"表演"，往《周易》身上泼脏水，这使有些人不明真相地说《周易》是迷信。我有位温州朋友对我说，她是基督教徒，不看《周易》书，她把《周易》书视为邪教书或占卜书。《周易》是穿着占卜外衣诞生的，但解开外衣有内涵丰富的智慧和哲理，是埋藏很深的金矿，待后人去挖掘。孔子晚年便如此。孔子晚年学《易》不占《易》，孔子说："不占而已矣。"荀子说："善为易者不占。"现在已无人手拿五十根蓍草左右手倒来倒去做占卜，若有也是在做游戏。孔子学《易经》挖"金矿"写出《易传》即"十翼"。翼是鸟的翅膀，使《易经》插翅飞翔到哲学高度层次，成为东方哲学智慧书。

《周易》的"易"有多种解读，通常说"易"字是古代的蜥蜴的"蜴"，是古代爬行动物"变色龙"，为保护自己，身体颜色随环境变化而变。因此古今不同时代，赋予《周易》不同的生命力。孔子用《易传》解读《易经》，获得普遍的认同。因此，历代易界学者大都把"经""传"二者混在一起，许多书经传不分，沿袭至今。有人说《易经》加《易传》构成《周易》，更多人不严格区分，说《易经》即《周易》，原始就叫《周易古经》。由于《易传》给《周易》定了调，给后人树立了标杆，凡是引入《易传》的书籍，没有与《易传》唱反调，大都顺着标杆往上爬，爬得再高也不会超过标杆，这是纵向。横向则是沿着《易传》铺好的轨道前行，不会出轨。这纵向和横向都有局限性。因此，有的读者说有些《周易》书内容，人云亦云雷同。好像《易传》是一张大网，凡是钻进去的，个人发挥的空间都在网内，许多内容与现实环境和生活不贴近，有相当大的距离。因为《易传》成书是在战国中晚期，距《周易》古经六七百年，时代不同，《易传》加入了《周易》许多所没有的文化思想和内涵，渗入儒家思想，顺应那个时代的需要。

我想写新时代解读《周易》的书，要有创新，实践证明是可行的。因为《周易》抽象的阴阳符号和特简练的古字词，又无标点符号断句，有的字多音多意，后人难读懂视其为天书，这使《周易》充满先天的神秘性、抽象性和模糊不确定性，给后人阅读时留下了丰富的想象余地和广阔的思维空间。历代易界学者各抒己见，对某些问题争论不休，至今没有定论。就像考试题填空白，却没有标准答案；又像竖立起框架，让后人充实内容，这是《周易》基因造成的。我历经几位老师的教导，也证明如此。张说李说，公说婆说，众说纷纭，人人都有话语权，百花齐放，这形成了我要写的《周易演義》（这是我定义命名的）。带着这个思路，在九十年代，我从大学教授职位退休后，被美国、韩国、印尼、泰国、越南和日本等国当地华人团体邀请去讲《周易演義》及《易》学应用。那时是草稿讲义，是几位老师传授的知识和我的心得，所到之地获得好评，并鼓励我出版成书。我想丰富该讲义再出版，我要博览《周易》群书，收集更多解读《周易》的书。我去北京的首都图书馆（下称首图），该馆"易"学书籍非常丰富，拥挤在多个书架上，我依次取阅，带中午饭整日翻阅，若借书回家数日便还，风雨无阻，从春到秋，把重点"易"学书全阅完。又去北京的国家图书馆，该馆"易"学书比首图更多、更丰富。进入馆需安检，不许带饮食，中午要在馆外饭店用餐。若外借书仅限三本，比首图少一倍。因路远，早出晚归，饱览与首图不重复的"易"学书，度过寒冷的冬季。我在北京这两个大图书馆，在"易"学书籍的海洋里浏览，度过了春夏秋冬，好像经历了"乾卦"的"元亨利贞"，收集了丰富的"易"学资料，加上我多年学《周易》积累的沉淀，我便开始写《周易演义》，副标题是"新时代解读周易"。书中把我解读的《周易》写在前，作为砖；又选录多种不同的典型解读，作为玉，甚至不同的解读相互博弈，扩大读者的视野，过去从未有此类书，是一种创新。我把《周易》首二卦即乾坤卦，解读为国家的领空领土。《周易》唯有乾坤二卦各七爻，其余各卦皆六爻。乾坤二卦第七爻只有爻辞，没有爻位（置），数千年来未找到其位置。我解读"乾卦"为国家领空时，第七爻位便是公用的太空。解读"坤卦"为国家领土时，第七爻位便是公用的北极，恰好符合爻辞，要和平利用、创新。写作中途，我的腿像触电似的刺痛，不能行走，对医生说没做体力活，仅看书写作，医生看着核磁共振片子说："久坐伤腰，腰椎滑脱，压迫神经传到腿。"我瘫痪在床上，继续写作。2016 年 1 月书籍出版，获得读者的肯定，很快传到中国台湾地区。

五

据台湾地区易友说，台湾地区"易"学书籍众多、汉牛充栋，已至饱和状态，出版此类书难以销售。但是，台湾大元书局负责人翻阅《周易演义》，认为新颖独特，颇感兴趣，因而办完在台湾再版的程序，改用繁体字在台湾出版，获得好评，引起台湾地区读者的共鸣。海内外的读者通过多种渠道，呼吁年迈的我继续发挥余热。因此，我更新内容，写了姊妹篇《周易演义续集》，完稿后，我请"易"学友人提意见，友人阅后仅写六个字：

"有学识有胆识。"这可能指该书有三方面的创新特点。

一是，把古今不同解读《周易》选编在一起，百家争鸣，百花齐放。构成《周易》百家讲坛，阅该书即博览群书。

二是，该书突破常规，使《周易》适应新时代的需要，古为今用。解读《周易》领航的乾坤首二卦，是象征国家的领空领土，从中找到了第七爻位是太空和北极。

三是，独特地解读末二卦"既济卦""未济卦"。"既济卦"的"既"是已经，"济"是过河，既济是已经过河，到达彼岸，人生终点、夕阳西下在阳间归宿。但紧接着是"未济卦"，是尚未过河，又轮回循环到原点、起点，在另一个世界里（阴间）去过河，深层次隐含生死轮回、善恶报应因果律。俗话说："善有善报，恶有恶报，不是不报，时候未到……"这"未到"就是"未济卦"，在"未济卦"得到报应。《周易》具有多元化的价值观，其中之一是道德观。既要以法治国，又要以德治国。法律约束人的行为，道德约束人的心，心动才去行动。末二卦隐含规劝人行善积德，与乾坤首二卦首尾呼应。"乾卦"是"自强不息"，为人民创造财富是积德；"坤卦"是"厚德载物"，积德才能"厚德"，"厚德"才能载物。末二卦深层次含义是给人类敲响道德警钟，立德树人，具有现实意义。

上述三方面的创新也是"演义"，创新就不符合传统。不讲传统没有根，不讲演义没有魂，该书二者兼备，古为今用，开辟一条新思路。鲁迅先生说世界上本无路，走的人多了便成了路。该书又引起台湾地区大元书局格外关注，很快就用繁体字在台湾再版。这反映中华传统文化，台湾同胞还是欢迎和需要的。折射出台独分子搞"去中国化"，删减教科书中的中华古文、搞"文化台独"，这一切都是不得民心的。《周易演義》及其续集姊妹篇，相继在台湾再版就是例证。

中华传统文化，是海峡两岸中华民族的魂。台湾民间组织成立"海峡两岸暨亚太地区周易交流协会"，召开大会时，邀请大陆有关人士参加，我被邀请作为贵宾参加。到达台湾桃园机场，大会组织者派车接送到会场报到，分到指定房间。不料晚间突然有人敲门，参会的人拿着我在台湾再版的书，让我签字，谈论书里的内容，夹杂些夸奖我的话，因《周易》使我们相会。我送走客人，推开窗户，外面正降落丝丝细雨，透过雨水望去已是万家灯火。又是雨水，这雨水使我浮想联翩：

幼年时父亲在灯下教我《周易》，窗外雨水湿透窗纸；小学时有一次夜晚我到老师屋里学《周易》，归途突降大雨，乱石刺破我的脚流血；中学放学时，我把雨衣让给教我《周易》的老师穿回家，我冒雨回家湿透全身；青年时我陪同华罗庚工作归途中车坏，我给他高举雨伞，他在雨中跋行，触景生情讲《周易》"履"卦六三爻……若能从经历的这些雨水中，挑选些大雨珠穿成一串晶莹透明的项链，我要把它献给《周易》，给《周易》戴上……我在冥想中进入梦乡。

次日便是 2018 年中国台湾地区召开的周易交流大会，我在会上的发言题目是："国学周易的影响力"。我简要地讲了本文所写的经历，全场响起掌声。我认为这掌声不是给我个人的，而是炎黄子孙给《周易》作者炎黄祖先的。因为炎黄祖先把《周易》留给炎黄子孙，两岸都是炎黄子孙一家亲，文化、血脉同根。我发言后，主持会议的台湾地区"易"学专家黄来镒会长总结说："听了 85 岁的纪老发言，《周易》伴他一生，他在国内外传播《周易》，令人联想到，世界上有阳光的地方就有华人，有华人的地方就有《周易》文化。"

作者：纪有奎